人力资源管理教学模拟系统的分析与设计

毛晨蕾　著

知识出版社

图书在版编目（CIP）数据

人力资源管理教学模拟系统的分析与设计 / 毛晨蕾著. -- 北京 : 知识出版社, 2015.9
ISBN 978-7-5015-8808-4

Ⅰ. ①人… Ⅱ. ①毛… Ⅲ. ①人力资源管理－教学模型－研究 Ⅳ. ①D035.2

中国版本图书馆CIP数据核字(2015)第220943号

人力资源管理教学模拟系统的分析与设计

出版人 姜钦云
责任编辑 周水琴
装帧设计 罗俊南　杨新华
出版发行 知识出版社
地址 北京市西城区阜成门北大街17号
邮编 100037
电话 010-88390659
印刷 北京柯蓝博泰印务有限公司
开本 889mm×1194mm　1/32
印张 5
字数 180千字
版次 2015年9月第1版
印次 2015年9月第1次印刷
书号 ISBN 978-7-5015-8808-4
定价 20.00元

前　言

人力资源管理是为了适应市场经济体制而建立起来的一门实用性很强的新学科，其目的是培养复合型和应用型人才。相对很多学科而言，不少高校对该学科建设相对较晚，教学中重理论、轻实践，从而出现了不少问题。例如学生学习积极性不高、教师缺乏教学经验、案例教学效果不佳、适用的教学模拟软件匮乏等。人力资源管理作为该学科的核心基础课程，包括了人力资源管理的重点模块。该课程在传统教学中，如招聘与录用、薪酬福利、绩效考核、培训与开发等内容只停留在理论层面，致使学生对实际操作掌握不熟练。在这个强调动手能力与创新能力的时代，使用相应的模拟软件进行实践教学，对学生来说显得尤其重要。

本书首先介绍了人力资源教学模拟系统的研究背景，明确了所需要解决的问题，分析和设计了一款集合人力资源重要教学内容的模块，如人员招聘与录用、培训、劳动保险、绩效、薪酬管理，并适合于高校人力资源管理课程教学的模拟实践系统。其次，书中进一步阐述了该系统对学生、教师、学科建设方面的价值与意义。

基于软件当前的使用环境，结合目前流行的一些开发技术，书中提出了该教学模拟系统的整体设计目标，然后针对这些目标进行了较为详细的需求分析，其中包括业务需求、功能需求、数据需求以及一些非功能性的需求，同时对系统的用例进行了描述。在系统设计环节，我们进行了系统的总体设计以及最核心的业务模块设计，包括薪酬管理、人事设置、培训管理、绩效考核等一系列主要功能模块，系统通过功能结构图、基本类图、顺序图和处理流程图等进行 UML 建模来实现系统的模块设计。文中详细阐述了设计内容，同时使用实体属性图、实体关系图和数据库的结构表格对应用数据库做了相应的详细设计。

本书基于人力资源管理的基本业务流程，设计了一套适用于高校人力资源管理课程的教学模拟系统。该系统的实施对学生学习、教师教学、教学过程实施考核都具有十分显著的意义，同时也为人力资源管理学科的其他课程教学改革提供参考帮助。

本书在撰稿过程中，得到江西科技学院的支持和帮助，本书还得到了江西省高校人文社科课题（GL1409）的经费资助。由于本人水平有限，书中难免有不足及疏漏之处，敬请读者批评指正。

毛晨蕾

2015 年 3 月

目录

第一章
概　论

第二章

人力资源管理教学模拟系统技术综述

第三章

需求分析

第四章 系统设计

引 子

本项目主要完成了如下工作：开发了一个人力资源管理模拟教学软件，系统包括人事设置、招聘、培训管理、绩效考核、薪酬管理等核心的业务模块。学生通过实际操作该系统，模拟参与不同角色的扮演，可以更好地掌握相关业务模块的各种知识，提高人力资源管理课程的教学效果。

整个项目涉及系统的需求分析、业务流程分析、整体数据库设计、系统框架设计、WEB端程序开发、软件文档撰写、系统框架与单元测试以及数据初始化等工作。笔者参与了整个开发过程，并作为项目主要负责人完成各个模块的分析与设计工作。

本书由五部分内容组成，其中：

第一部分主要介绍了人力资源管理教学的研究背景，

同时对所需要解决的相关问题进行了概述，讨论了开发本教学模拟系统的主要研究意义与重要性，叙述了本书的主要内容和笔者在该项目中的主要工作。

第二部分是人力资源管理教学模拟系统的技术综述，该人力资源管理教学模拟系统采用基于B/S架构，系统的开发平台选用vs2008.net+SQL Server 2000。

第三部分是本书的主要内容，针对系统的包括业务需求、数据需求、功能需求以及非功能需求，绘制了系统的基本业务流程图、用例图和基础类图，同时对用例进行了逐个的描述。

第四部分是本书的重点，分别进行了系统的总体设计与核心的模块设计，包括人事设置、工资管理、绩效考核、培训管理等主要功能模块，系统通过功能结构图、类图、顺序图和处理流程图等进行UML建模来实现模块设计，详细阐述了设计内容，同时使用实体属性图、实体关系图和数据库结构表对数据库做了相应的详细设计。

第一章　概　论

1.1 人力资源管理相关概述

彼得·德鲁克（Peter F.Drucker）1954 年在其《管理的实践》一书中引入了“人力资源”这一概念。他指出，人力资源和其他所有资源相比较而言，唯一的区别就是它指向人，并且是经理们必须考虑的具有“特殊资产”的资源。

伊万·伯格（Ivan Berg）认为，人力资源是人类可用于生产产品或提供各种服务的活力、技能和知识。

英国经济学家哈比森（Harbison）在《国民财富的人力资源》中写道：“人力资源是国民财富的最终基础。资本和自然资源是被动的生产要素，人是积累资本，开发自然资源，建立社会、经济和政治并推动国家向前发展的主动力量。显而易见，一个国家如果不能发展人们的知识和技能，就不能发展任何新的东西。”

人力资源在英文中对应的单词是 Human Resources，

简称HR。对于人力资源，不同的人有不同的理解，有人认为，劳动者就是人力资源；有人认为，人口就是人力资源；还有人认为，人的劳动能力才是人力资源。我们将人力资源分为广义和狭义。广义的人力资源是指劳动适龄人口及超过劳动年龄仍有劳动能力的那部分人口。狭义人力资源，指具有劳动能力的劳动适龄人口。

人力资源是财富形成的关键要素，是经济发展的主要力量，目前世界各国都非常重视本国的人力资源开发和建设，力图通过不断提高人力资源的质量来实现经济和社会的快速发展。

人力资源管理就是组织在特定的环境中对组织中的人力资源进行计划、组织、领导和控制，以有效的方式保证从人力资源的角度帮助实现组织既定目标的过程。

人力资源管理的基本任务是根据企业发展战略要求，吸引、保留、激励与开发企业所需人力资源，促进企业目标实现，从而使企业在市场竞争中得以生存和发展。随着我国加入世贸组织，国外跨国公司进入我国，战略人力资源管理成了企业发展的关键问题，人力资源管理者终于可以“名正言顺”地进入企业的战略管理层。至此，人力资源经理就完成了从高级办事员到战略合作伙伴的角色转换。

我国的人力资源管理专业是从五十年代的“劳动经济学”专业发展而来的。其间经历了五十年代的“劳动经济学”专业初创时期，“文化大革命”十来年的停办时期，1977

年至 1992 年“劳动经济学”专业与“劳动人事管理”专业并行发展的时期（1992 年国家教委决定将“劳动人事管理”专业更名为“人力资源管理”专业，但直到 1997 年，部分院校仍以“劳动经济学”专业的名义招收“人力资源管理”专业的学生），1998 年才真正是“人力资源管理”专业独立发展的时期。中国人民大学于 1993 年在国内高校中首次开设人力资源管理本科专业。

人力资源管理专业主要开设的课程有：人力资源管理、人员素质测评、薪酬管理、工作分析、员工招聘与甄选、培训与开发、绩效考核与绩效管理、组织行为学、管理学、统计学、劳动经济学、劳动法、社会保障学、薪酬与员工福利、领导科学、职业生涯管理等。人力资源管理专业的学生毕业后可以在企事业单位人力资源部从事人事规划、招聘与配置、培训与开发、绩效考核、薪酬管理、人事档案管理、劳动关系管理等工作；在人才与劳务市场、猎头公司等中介公司从事人才与劳动力市场的中介工作及职业指导工作；在政府社保机构从事社会保障工作；在企事业单位办公室从事文书工作。

1.2 人力资源管理教学概况

1.2.1 人力资源管理教学简介

人力资源管理是高校经管类管理学科下开设的核心专业基础课程，是为了迎接新世纪的企业管理挑战，培养优秀管理人才而推出来的在管理学科中较年轻的学科。

在人才竞争趋于全球化的今天，许多企业将会以前所未有的努力去寻求人才和留住人才，因此，人力资源开发与管理的工作就显得格外重要。做好人的工作已经成为赢得整个世界的前提，而对人力资源管理者的能力开发，则成为一项关乎整个国家伯乐人才发展的重要工程。人力资源管理要做到人尽其才，才尽其用，人事相宜，最大限度地发挥人力资源的作用。但是，对于如何实现科学合理的配置，这是人力资源管理长期以来亟待解决的一个重要问题。人是所有资源中最活跃的要素，事实证明，经济竞争归根结底是人才的竞争，是人力资源综合素质的竞争，竞争的胜利者将是那些占据人力资源优势的地区、国家和企业。在这样的形势下，中国急需大批熟悉现代人力资源管理与开发的应用型人才和团队负责人。培养足够数量的这类人才，是我国管理理论界、实业界和教育界面临的紧迫任务。

现代的人力资源管理是从传统的人事管理演变和发展而来的，与人事管理相比，人力资源管理以人为中心，人事管理以事为中心；人事管理中员工是被动的，人力资源管理中员工是主动的；人事管理将企业文化灌输给员工，人力资源管理则将企业文化与企业战略融入企业员工的自觉行为。人力资源管理已经成为当前一个合格的现代管理者的必修课。

进行人力资源管理能够充分调动员工的工作积极性，能够扩展企业的人力资本，实现组织利益的最大化。人力资源管理课程主要讲授人力资源管理学的基本原理和实践知识，旨在向学生介绍人力资源管理理论和实践的基本内容和发展状况。

通过人力资源管理课程的学习，使学生了解人力资源管理在企业管理中的地位，掌握基本的人力资源管理观念、管理理论、管理方法和管理经验，得到人力资源战略与规划、工作分析与设计、人员招聘与配置、培训与开发、绩效管理、薪酬管理、职业生涯管理、劳动关系管理等技术与方法的基本训练。

通过这门课程的学习，使得学生能够掌握现代人力资源管理的思想观念和理论，使学生能深入理解人力资源的重要性，并明确人力资源管理在企业管理中的地位与作用；了解人力资源管理的基本内容和基本程序，并具体掌握人力资源管理的基本方法和技巧；在关注国际人力资源管理最新发展和流行趋势的基础上，研究先进的人力资源管理模式，借鉴他们丰富的经验，对符合中国国情的人力资源管理模式进行有益的探索，以便于在将来的社会工作中，能够将现代人力资源管理思想和观念转化为管理工作的实际运作，为学生以后的工作奠定良好的理论基础，从而更好地在企业生产、建设和服务一线从事基层管理工作。

1.2.2 人力资源管理教学内容

人力资源管理这门课主要围绕人力资源规划、招聘管理、培训与开发、绩效管理、薪酬管理、劳动关系管理等六大模块来展开，但也辅以其他内容，构成人力资源管理教学的完整体系，主要包括以下几部分内容：

1. 人力资源管理概述

人力资源管理概述是该课程的引子，主要概述人力资源的内涵、人力资源管理的发展与变迁、人力资源管理的功能与分工，人力资源管理的基本原理。杨河清指出，人力资源管理是指建立在“人本主义”管理哲学的基础之上，运用现代化的科学方法和管理理论，对与一定物力相结合的人力进行合理的培训、组织和调配，使人力、物力经常保持最佳比例，同时对人的思想、心理和行为进行恰当的诱导、控制和协调，充分发挥人的主观能动性，使人尽其才，事得其人，人事相宜，以实现组织的战略目标[1]。组织中对“人”的管理大致经历了雇佣管理、人事管理和人力资源管理三个阶段；人力资源管理包括获取、整合、保持和激励、调控及发展五大功能；人力资源管理的基本原理主要包括要素有用、能位对应、互补增值、激励强化、公平竞争、文化凝聚六个方面。

2. 人力资源规划

包括人力资源规划的含义、内容、意义等基本概念，以及人力资源规划的程序、人力资源供给与需求预测的方法等内容。

人力资源规划是根据组织的发展战略及总体规划，通过诊断组织现有的人力资源状况，对未来的人力资源的需求和供给状况进行分析及预测，对职务编制、人员配置、教育培训、人力资源管理政策、招聘和选择等内容进行的职业性规划[1]。

表 1-1 人力资源规划的内容

名称	定义	作用	与其他规划的关系
总体规划	根据人力资源管理的总目标而制定的组织总体人力资源数量、质量及岗位供需状况的安排	从总体上满足组织发展对于人力资源的需求	统筹、指导其他业务规划 其他业务规划要服从总体规划的安排
补充规划	根据组织运转的情况，合理地在中长期把组织所需数量、质量的人员填补在可能产生空缺的岗位上	应对正常的人力损耗 可以改变组织的人力资源结构	包含晋升规划（内部补充） 包含配备规划（水平补充） 必然涉及培训规划 与职业生涯规划交叉
晋升规划	根据组织人员分布状况和层级结构所制定的人员提升的政策和方案	体现组织注重能力的思想，改善劳动投入的经济性，可以激励员工	是一种垂直的补充 需要培训规划先行 可能与职业生涯规划交叉
配备规划	对中长期内处于不同岗位或工作类型但属于同一层级的人员分布状况的规划	保证组织保持一定强度的水平流动，可以培养多面手 工作轮换激励人员，等待上层空缺 超员时平均工作负荷	是一种水平的补充规划，必然涉及培训规划（转岗位培训） 可能与职业生涯规划交叉
培训开发规划	为了对某些岗位进行人才储备和提高岗位适应能力而设计的规划	为重点岗位储备人才，空缺时可迅速填补，改善个人与岗位要求的匹配关系	是所有业务规划都会涉及的内容 发生在补充、晋升及配备之前 是职业生涯规划的重要实现手段 是保证绩效管理规划，实现和解决不良绩效结果的手段

（续表）

绩效管理规划	管理者和员工关于工作目标和标准的契约制定及执行过程	确保组织绩效的实现 给员工努力提供导向和辅导	多次涉及培训规划 为职业生涯规划提供参考建议
收入分配规划	对组织未来一个周期内工资总额及分配、结构、增长率等做出的安排	有效控制人工成本 保持工资增长率低于劳动生产率增长率 有效地激励员工	伴随着晋升规划而发生 受绩效管理规划结果的制约 是职业生涯规划的重要通道之一

3. 工作分析与设计

包括工作分析的概念及原理、工作分析的具体流程、工作分析的方法、工作说明书的编制等。工作分析是指对某特定的工作做出明确的规定，并确定完成这一工作所需要的知识技能等资格条件的过程。工作分析由两大部分组成：工作描述和工作规范。通俗地讲，工作分析就是要通过一系列科学的方法，把岗位的工作内容和岗位对员工的素质要求弄明白。通过工作分析，我们要回答或解决以下两个主要的问题：第一，“某一岗位是做什么事情的”；第二，“什么样的人来做这些事情最适合”。

工作分析的主要内容包括6W1H，即这项工作具体做什么事情（what）、工作目的是什么（why）、谁来完成这项工作（who）、工作时间的安排（when）、工作地点在哪里（where）、他在为谁工作（for whom）；他是如何工作的（how）。工作分析的最终成果是职务说明书[12]。

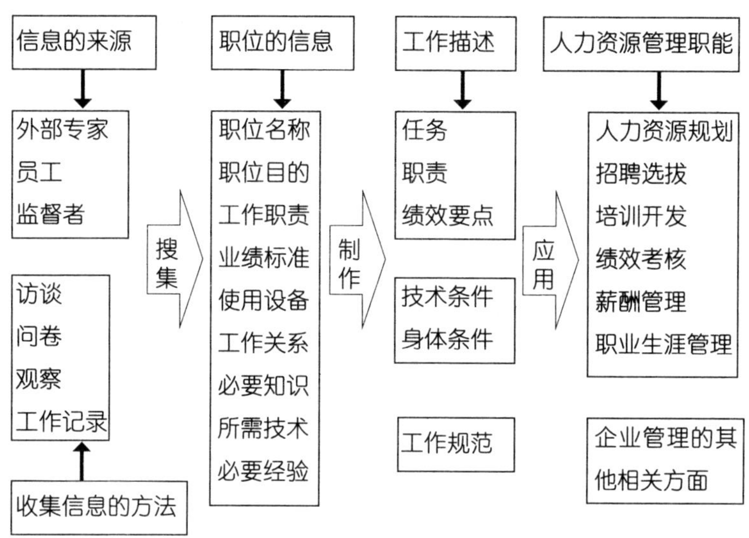

图 1-1 工作分析在人力资源管理中的作用

4. 招聘管理

包括招聘管理概述、招聘管理流程等内容，帮助学生掌握笔试、面试、心理测验、评价中心等人员素质测评技术。招聘管理（Recruitment Management）就是对组织所需的人力资源展开招募、选拔、录用、评估等一系列活动，并加以计划、组织、指挥与控制，系统化和科学化管理，借以保证一定数量和质量的员工队伍，满足组织发展的需要。招聘应该遵循合法、经济、公平竞争、全面考核及人岗匹配的原则。

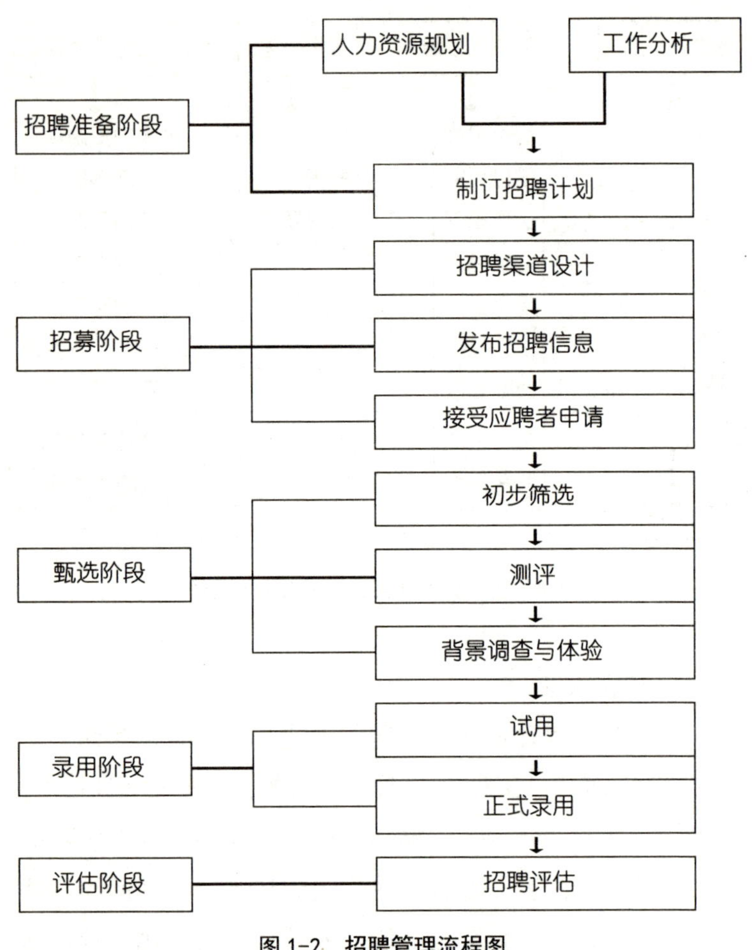

图 1-2 招聘管理流程图

5. 培训与开发

包括员工培训与开发的类型和方法、员工培训需求分析、培训开发计划的制定与实施流程等。

员工培训是指组织通过更新员工知识、增强员工技能、改变员工个性特质、工作动机和工作行为而满足岗位当前绩效需要所进行的一切有计划、有组织的活动。

员工开发是通过发掘、培养、发展和利用人力资源为主要内容以满足组织未来需要的活动。它以人力资本投资为前提，包括人力资源的教育、培训、管理以及人才的发现、培养、使用与调剂等诸多环节[21]。

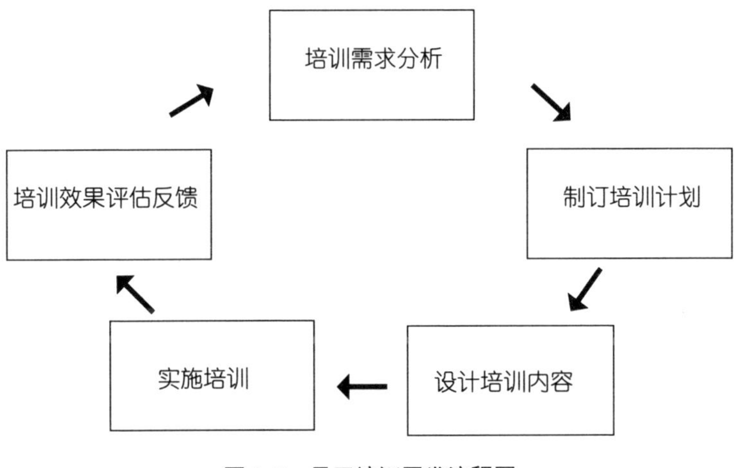

图 1-3　员工培训开发流程图

6. 绩效管理

主要帮助学生理解绩效考核的内涵、掌握绩效管理的实施及常用方法等。

绩效，是指组织、部门或员工控制下的，与工作目标相关的行为及其产出，具有多因性、多维性和动态性的特点。

绩效考核侧重对员工过去绩效的判断和评估，绩效管理注重绩效的持续改进和员工能力的不断提升，贯穿于日常管理活动的全过程。完整的绩效管理是由绩效计划、绩效辅导、绩效考核、绩效反馈与绩效结果的运用等五个部分组成的一个系统。

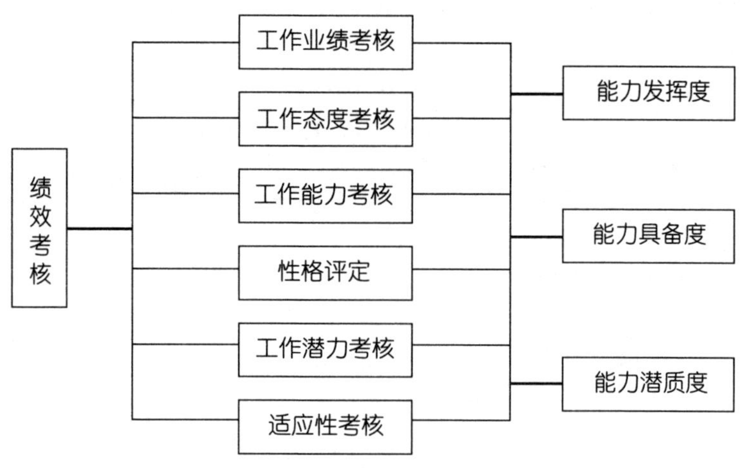

图 1-4　绩效考核的内容

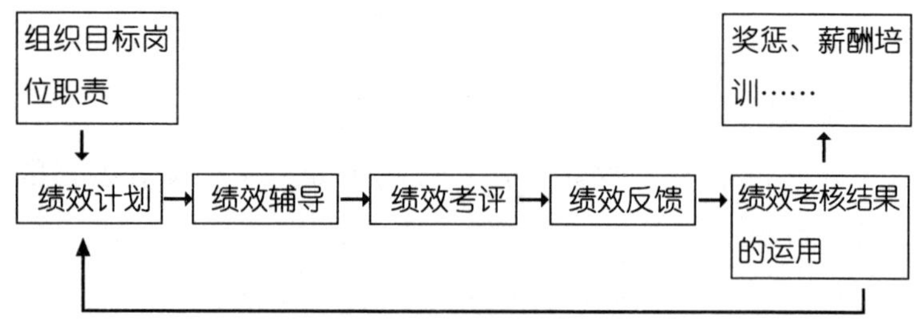

图 1-5　绩效管理实施过程

常用的绩效考核方法有简单排列法、配对比较法、强制分布法、关键事件法、目标管理法、关键绩效指标法、平衡计分卡、360 度考评法等。

7. 薪酬管理

包括薪酬构成、薪酬制度及设计、员工福利等内容。

薪酬管理，是指一个企业针对所有员工提供的服务来确定他们应当得到的报酬总额以及报酬结构和报酬形式的过程。

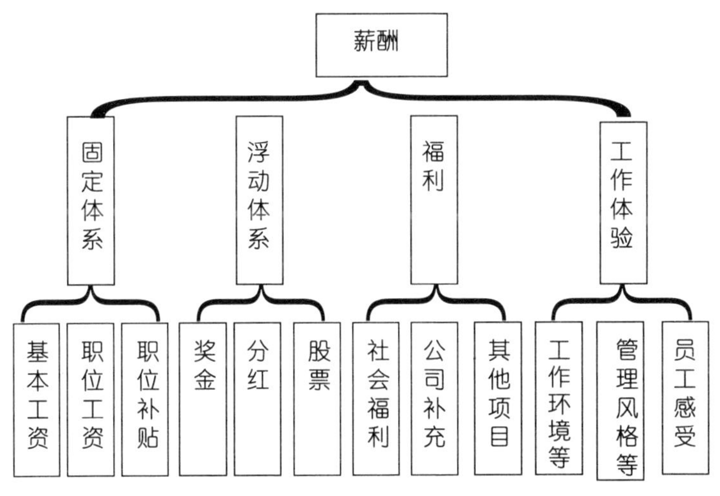

图 1-6　薪酬构成图

企业常见的薪酬制度包括计时工资制、计件工资制、销售提成制、技术等级工资制、岗位或职务等级工资制、结构工资制、岗位技能工资制、薪点工资制等。薪酬制度设计的主要步骤如表 1-2 所示。

表 1-2 薪酬制度设计的主要步骤

主要步骤	工作内容
（1）薪酬调查	了解同行业、同地区市场水平以及员工薪酬满意度
（2）比较分析	掌握市场水平线与企业工资水平线的关系
（3）增资实力	了解董事会认可程度、格式的增资额度
（4）薪酬策略	确定企业薪酬的市场定位、薪酬构成、奖励重点
（5）薪酬结构	确定不同员工的薪酬构成及各构成项目所占比例
（6）分级定薪	确定薪酬水平，主要内容是薪酬范围及数值的确定
（7）调薪政策	确定薪酬制度调整的条件以及调整额度等
（8）评估调整	执行薪酬制度，调整不合理之处

员工福利是指员工所在企业通过举办集体福利设施、设立各种补贴、提供服务等办法，为员工生活提供方便，帮助员工解决生活上难以解决的困难，改善员工生活和环境，解决员工在生产过程中某些共同的和特殊的问题，以改善员工的物质文化生活，保证他们正常和有效地进行劳动。

员工福利包括法定福利和企业自主福利两部分。法定福利即国家通过立法强制实施的对员工的福利保护政策，包括社会保险和各类休假制度。企业自主性福利的主要形式有企业补充养老金计划、津贴和补贴、教育培训性福利、文化旅游性福利等[2]。

8. 职业生涯管理

包括职业生涯的含义及特点、职业生涯理论的相关知识、个人职业生涯规划的制定及影响因素、组织职业生涯管理等内容。

职业生涯是一个人一生中连续从事那些可以客观观察到的职业发展过程，以及个人对职业生涯发展的见解和期望。它具有独特性、阶段性、终生性和互动性的特点。职业生涯管理是现代企业人力资源管理的重要内容之一，是企业帮助员工制定职业生涯规划和帮助其职业生涯发展的一系列活动。它包括组织职业生涯管理和自我职业生涯管理两部分。

职业生涯理论比较有代表性的是金兹伯格职业性成熟论、萨帕的职业生涯阶段论、卡特尔的16种特性论、霍兰德的人职匹配论、施恩的职业锚理论等。

个人职业生涯规划的方法包括SWOT分析法、“5W”法、平衡单分析法等，组织职业生涯管理的内容主要包括提供内部劳动力市场信息，建立职业资源中心、成立职业潜能评价中心、对员工进行职业分析与定位；通过介绍职业通道或职业阶梯，帮助员工确立职业生涯目标、制定职业生涯发展策略；利用组织内外部人力资源开发项目对员工进行培训；利用岗位轮换帮助员工在不同岗位上积累经验。

9. 劳动关系管理

主要包括劳动关系的含义与特征、劳动合同的订立、劳动争议的内涵及处理程序等内容。

劳动关系是指劳动者与劳动力使用者以及相关组织为实现劳动过程所构成的社会经济关系。劳动关系包括主体、内容、客体三个要素。

劳动关系主体双方具有平等性和隶属性；劳动法律关系具有国家意志为主导、当事人意志为主体的特征；劳动关系的双方当事人，一方是劳动者，另一方必须是提供生产资料的用人单位；劳动者必须为实现用人单位的劳动过程而劳动；劳动关系是基于职业的、有偿的劳动而发生的；劳动关系的一方劳动者必须成为另一方用人单位的成员，并遵守单位的内部劳动规则。

劳动合同订立应该遵循合法原则、公平原则、平等原则、协商一致原则及诚实信用原则。劳动合同的订立要经过要约（招收录用）阶段和承诺（签订劳动合同）阶段。

劳动争议是劳动关系不和谐的反映。劳动争议主要涉及工资、津贴和奖金等问题；集体合同的执行、解除和终止以及重新谈判等问题；有关劳动合同的执行、解除、变更和终止等问题；有关工人的录用、辞退、辞职和工作变动等问题；有关工作安全和劳动卫生等问题；有关工作时间和休息、休假等问题；有关就业培训和职业训练等方面的问题；有关劳动保险、劳动福利以及女职工、未成年劳工特殊保护等方面的问题。

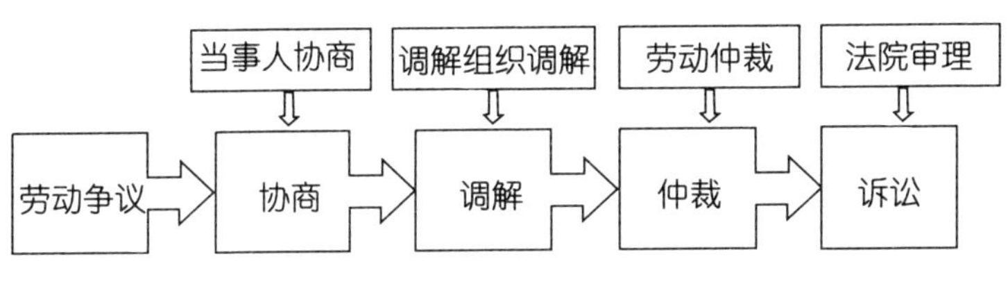

图 1-7 劳动争议处理的程序

1.2.3 常用人力资源管理教学方法

1. 理论讲述法

这是被最多教师采用的方法，也是一种传统的教学方法。事实上，大概任何一门课程都离不开讲述。有人认为这种方法太过平淡，而且也难提供学生回应的机会。其实，没有任何一种教学法是绝对的好或不好。这种方法若使用得当，仍然是有许多优点的，譬如可以节省教学时间；可以叙述一些事实；可以解释一些概念等。

然而有许多教师在理论讲述时往往照本宣科，难以达到预期的学习效果。

2. 案例讨论法

案例讨论法是教师根据教材内容，选取合适的案例，就案例中的问题组织学生进行讨论，使学生变被动听课为主动学习，既活跃了课堂气氛，又提高了学生学习的积极性、主动性，同时也有利于培养学生分析问题和解决问题的能力。在案例讨论过程中，使学生举一反三，触类旁通，以便充分展现自己的应变能力和分辨能力。

3. 情景模拟法

情景模拟教学法是指创设一定情景，让学生模拟实践活动，充分激发学生的学习兴趣，培养学生实际操作能力的一种教学方法。例如在招聘这一模块中，可以让学生进行分组练习，有人扮演求职者，有人扮演招聘者。招聘者这个团队中的成员需要自己设计招聘广告词、进行职位说明书的撰写、组织对应聘人员进行测试；应聘人员则精心准备，对招聘单位提出的各类问题进行笔试、面试、行为测试等。通过模拟应聘与招聘，既锻炼了学生的团队合作能力，又极大地激发了学生的学习兴趣，锻炼了学生对知识的运用能力、语言表达能力及人际交往能力。

4. 参与式教学法

传统的教学方式在教育活动中，往往忽视学生主体能动性的发挥，阻碍学生个性能力的自由发展。因此，教师必须也要相应转变角色，切实贯彻“教师主导，学生主体”的教与学精神，让学生充分参与教学，给学生以施展自己才能的机会，这是适应新时期学生特点的需要。

参与式教学主要包括三种，一是教学目标参与，即将教学目标建立在学生的共同意愿与兴趣爱好之上，形成大部分学生能够欣然接受的具体目标，这样学生就会从“要我学”转变为“我要学”的学习状态，主动性与自觉性更强。二是教学内容参与，即在新学期第一节课的时候，先向学生说明这学期要上的课程内容，让学生积极参与，根据他们的专业特点以及兴趣爱好，对教师的教学内容提出建议。然后教师对学生的建议进行点评，最后确定教学内容。三是教学阶段参与，即结合教学实际情况，从项目驱动、课堂演讲、调研活动等方面来探讨此门课程在教学阶段的参与。

1.2.4 人力资源管理教学存在的问题

人力资源管理是伴随市场需求的不断增长而产生的一门实用性很强的新学科，相对很多学科而言，不少高校开展人力资源管理课程教学相对较晚，在传统的教学过程中，学生对于人力资源管理中所涉及的几大模块，如招聘管理、薪酬管理、培训与开发、绩效管理等内容只停留在理论层面，对实际操作掌握不熟练。同时，教师在教学中也面临理论与实际脱节，多媒体教学演示不够充分等困难。

在人力资源管理课程的教学过程中，例如讲到“招聘的流程”，学生虽然可以记住招聘的具体步骤，但是对如何管理招聘信息，选择招聘渠道、面试安排等的实际应用却不能完全掌握；再比如，教师在讲授“员工培训”这一模块时，学生对培训任务的制定、培训员工的选择、培训课程的选择等也存在诸多纸上谈兵的问题[2]。

为了更好地对目前人力资源管理课程教学存在的问题进行有效分析，笔者对江西某高校的100位已经学习了人力资源管理课程的学生进行了问卷调查，共发放100份，回收率100%，经过对问卷的收集与数据分析，得出了一些结论。调查的主要内容如下：

表1-3 人力资源管理课程调查的主要内容

一、你现有的人力资源管理课的教学方式是：
1. 以课堂讲授为主的教学方式，教师讲解全部内容、布置作业、辅导答疑
2. 多媒体课件教学、教师讲解重点内容、布置作业、辅导答疑
3. 多媒体课件教学、教师讲解重点内容、采用体验式教学方法，教师布置作业、辅导答疑
二、你对人力资源管理课程的教学建议是：
1. 合理运用现代化教学手段，重点难点突出
2. 教师注意选择教学方法，课堂结束学生能掌握或理解大部分课堂教学内容
3. 要理论与实践结合，给学生演练的机会

基于上述内容的调查，大部分学生已经缺失现有的人力资源管理课程的教学方式满意度。人力资源管理课程作为应用性较强的学科，培养学生分析问题和解决问题能力是非常重要的，这种能力的提高需要两方面的努力，一是学生必须熟练掌握人力资源管理的基本知识和基本理论；二是学生必须有机会亲自操作和体验学到的知识并转化为技能。这与课堂教学的方法是密切相关的。从调查中可以发现，学生中 52% 的人认为课堂教学并没有以学生为主体，没有注重培养学生分析和解决问题的能力。

具体问题概述如下：

（1）学生学习积极性不高。当前大学生的特点是：第一，珍惜来之不易的学习机会，重视自我素质的提高，但缺乏主动性；第二，职业意识较强，但对就业期望值较高；第三，心理需求趋向多元化，但缺乏自信；第四，思想活跃，个性鲜明，多才多艺者比较多，社会活动能力和参与意识都比较强，但团队意识较弱。所以，要扬长避短，着重加强专业知识技能以外的能力素质培养。可以强调培养学生的主动性、沟通意识和实干精神，老师在教学互动过程中，需要千方百计调动学生的积极性，才能达到教学目标。

（2）教师缺乏教学经验。大部分专业教师硕士毕业后，从学校直接到学校，几乎没有从事过人力资源管理实践工作。在教学过程中，教学资料大都来源于网络资源，严重缺乏实战经验。

（3）案例教学效果不佳。人力资源管理课程教学对不少老师而言，不是特别难，如果只是大量罗列人力资源管理教学案例，学生不一定认同，甚至其中的一些案例，老师自己都是一知半解，其教学效果可见一斑。

（4）适用的教学模拟软件匮乏。人力资源管理教学需要一些模拟演练，相关的软件必须配套，但许多高校没有自己的人力资源管理实训室，学生毕业后很难将人力资源的相关理论知识运用于工作当中。有的学校即使建立了专门的人力资源管理实训室，但所用的教学软件功能不全，不能真正地解决模拟教学存在的问题。

综上所述，学校很有必要增设人力资源管理的实践环节，将学生从教室转到实训室，实现对学生进行网上教育和实践教学的目的。

基于这样的一个背景，笔者设计研发了一款涵盖人事设置、招聘录用、培训、绩效考核、薪酬管理和系统管理模块于一体的适用于高等院校人力资源管理课程教学与实践活动的模拟教学系统，实现学生在本项目中能够将课程授课的知识点和技能点以模拟操作的形式进行强化[3]。

1.3 人力资源管理教学模拟系统的意义与重要性

1.3.1 意 义

随着市场竞争的日趋激烈，人已成为实现企业自身战略目标的一个非常关键的因素。如何能保持企业员工的工作责任感，激励他们的工作热情，减少人才的流失，已成为困扰企业主管和人力资源经理的一个日益尖锐的问题。企业管理从根本上来讲就是对人的管理。现在“公平、公正、合理”的企业管理原则已为不少企业所采纳。但是，要实现“公平、公正、合理”绝非易事，它不是仅靠规章制度和政策就可以解决的。通过建立透明、相容、一致、易查和全面的人力资源信息系统，将与人相关的信息统一地管理起来，才有可能为“公平、公正、合理”原则的实现，以及企业在运作和劳资纠纷诸方面的风险规避等建立一套科学的保障体系。

在这个强调动手能力与创新能力的时代，实践教学对于学生来说显得尤其重要。然而，人力资源管理的实践教学环节普遍比较薄弱，教学效果不如人意。要培养高素质人才，就必须高度重视这个环节。因此，开发和设计一套适用的人力资源管理教学模拟系统，就具有如下意义：

（1）设计一个可供学生进行虚拟实战演练的平台。学生一方面可以实践操作；另一方面，还可以学习更多的理论知识，从而达到应用型的教学目的。

（2）设计一个人力资源管理课程平台，可以实现招聘、薪酬、绩效、保险和培训管理等模块的基本功能操作。学生通过该模拟教学系统进行模拟学习，可以进行相关业务的操作方法与技巧方面的基本训练，掌握和学习分析解决相关问题的基本技能。

（3）教师通过指导学生操作人力资源教学软件，可以考核学生的实践动手能力、创新能力和专业软件的操作能力。

（4）该平台可以对学生的平时操作进行统计分析。教师负责日常的学生管理；学生作为实验的主体，完成相关的操作实验和各种工具的应用。

1.3.2 重要性

一是人力资源管理课程具有较强的实践性。其培养目标是培养同时具有实际应用技能和掌握专业相关管理知识的综合应用型人才。在人力资源管理的重要模块中，如招聘与录用、绩效考核、薪酬、培训开发、劳动关系管理等知识在教学过程中，如果不加入模拟教学就会使课程变得枯燥乏味。

二是为了课程改革的需要。我国的传统教学模式存在着理论与实践脱节的普遍问题，这将会使得学生的理论知识与实践能力严重不平衡，从而使他们难以适应现代企业对相关岗位的需求。该课程作为管理类学科的重要基础课程，需要建立一种较为独特的课程实践体系。学校必须对原有的教学方法、教学模式和教学手段进行适度的改革，这样一来，能够辅助人力资源理论教学的模拟教学系统就显得非常有必要了。

三是人才培养的需要。开发相对应的教学模拟系统，同时将其应用于实践教学活动中，是提高学生实践动手能力的一种重要工具。学生可以将自己的设想经过整理、加工，并结合理论知识，对人力资源管理的各个模块进行实际操作，从而掌握如何进行招聘、怎样安排员工培训、薪酬如何发放等各个环节。这样不仅提高了学生的学习积极性，而且通过系统分组扮演不同角色，增进了团队之间的合作，提升了实践管理技能。

1.4 人力资源管理教学模拟系统研究的内容

1.4.1 研究的内容

本书首先设定了系统应该达到的目标，并对此进行了详细的需求分析，其中涵盖业务、功能、数据以及非功能需求，同时绘制了系统业务流程图、概念类图、用例图，并且对用例进行了描述；其次，在系统设计阶段，本书对总体和模块分别进行设计，绘制了类图、功能结构图、顺序图以及处理流程图，同时用实体类图、数据库表结构、E-R图做了具体的设计。

系统设计了一个人力资源管理的虚拟大环境，以一系列企业最常用的人力资源管理项目作为实践操作主要内容，同时加上网上人才市场、工具下载、测评系统等模块，包含了人力资源管理的基本内容，可以实现对学生进行实践教学和网络教学的目的。

实践操作模块全面包含企业常用的模块，并加以改造，使之与教学结合得更为紧密，在注重实用功能的同时，融入更多的概念性理论知识。

学生在动手操作的同时，可以吸取并消化更多的理论知识，更好地达到教学目的。人力资源模拟系统包括个人管理、人事管理、招聘管理、培训管理、保险管理、绩效管理、薪酬管理和系统的总体管理模块。学生通过实际操作应用系统，可以学习到当前人力资源管理中包含的基本项目内容，弄清楚其中的关系连接，同时通过参与不同的角色分配，更清楚地了解到在人力资源中管理的作用和方法。学生通过该系统，可以受到人力资源管理方法与技巧方面的基本训练，学习掌握分析和解决人力资源管理问题的基本能力。

系统分为三个管理层次，最高管理权限为管理员，负责系统初始设置，设置班级和教师，并为教师分配所管理的班级；教师负责日常的学生管理；学生作为实验的主体，完成相关的操作实验和各种工具的应用。

第二章　人力资源管理教学模拟系统技术综述

2.1 .NET 开发框架

2.1.1 框架概述

.NET 框架是可发布、构造及运行 Web 服务的一种平台模式。从概念上说，.NET 平台属于一种新型开发模式的软件系统，和 COM 很相似，它为开发人员的各类操作带来简单和快捷的服务。与以往的一些技术相比，.NET 开发框架在完成资源配置、代码重复使用和多种语言集成等方面要做得更好，在安全性、易用性和开发效率等方面远超过了以前的很多种开发模式。

2.1.2 开发环境

Visual Studio 2008 包括各种增强功能，例如可视化设计器。.NET Framework3.5 提供了用于解决常见编程任务的基本组件，从而能够快速构造具有优秀用户体验的涵盖各种功能的应用程序。Visual Studio 2008 和 .NET Framework3.5 的结合减少了开发人员对公用管道代码的需要，从而缩短了项目的开发时间，使得开发人员能够集中精力去解决项目中具体的业务问题。该应用程序的单元测试功能可以帮助我们在开发过程的早期，轻松地发现程序中很多已经存在的问题。

.NET Framework 3.5 是在 .NET Framework 3.0 的基础上构建的版本。得到增强的功能包括基类库、Windows CardSpace、Windows workflow foundation、Windows Presentation Foundation 和 Windows Communication Foundation。

2.1.3 ASP.NET

ASP.NET 是 Microsoft.NET 的一个组成部分，它提供了一个统一的 Web 开发模型，这其中包括开发人员完成一个企业级的 Web 应用程序所需要用到的各种服务。ASP.NET 的语法与之前的 ASP 在很大程度上都是兼容的，同时它还提供一种全新的编程结构和模型，可以生成稳定性和伸缩性更好的应用程序，同时还能提供更强大的安全保护。

ASP.NET 通过一个基于 .NET 的、已编译的环境，可以用任何一种与 .NET 相互兼容的语言（包括 Visual Basic. NET、JScript .NET 和 C# 等）共同开发应用程序。除此之外，所有的 ASP.NET 应用程序都能够使用整个 .NET

Framework。开发人员可以很容易地发挥这些技术的优点，其中包括继承、类型安全和托管的公共语言运行库环境等。

2.1.4 ADO.NET

ADO.NET 提供了可伸缩的数据和平台互用性访问。它增强了对非连接编程模式的支持，并且能够支持 RICH XML。因为被传送的数据都是 XML 格式的，所以任何能够读取 XML 格式的应用程序都可以进行相应的数据处理。而实际上，接受数据的组件不一定是 ADO .NET 组件，也可以是一个基于 VS.NET 的解决方案，或者是任何运行在其他平台上的某一个应用程序。

ADO.NET 包含了一组可以用于和各种数据源进行交互的面向对象类库。数据源一般情况下是数据库，但有些时候它也可以是文本文件、XML 文件或者 Excel 表格。ADO.NET 可以和不同类型的数据源或者数据库进行交互。由于不同的数据源采用不同的协议，所以针对不同的数据源必须采用相应的协议。一些老式的数据源采用的是 ODBC 协议，新一些的数据源词用 OLE DB 协议，而且更多的数据源现在还在不断地出现，这些数据源都可以通过 ADO.NET 类库来连接。

2.2 UML 建模技术

2.2.1 UML 简介

UML 是在 Booch、OMT、OOSE 等面向对象的方法及其他许多方法与资料的基础上发展起来的。UML 集中了各种不同的图形表示方法，剔除了其中容易混淆、冗余或者较少使用的符号，同时添加了一些新的符号。其中的概念来自于面向对象技术领域中众多专家的思想。

UML 从考虑系统的不同角度出发，定义了用例图、类图、对象图、状态图、活动图、序列图、协作图、构件图、部署图等 9 种图。这些图从不同的侧面对系统进行描述。系统模型将这些不同的侧面综合成一致的整体，便于系统的分析和构造。尽管 UML 和其他开发工具还会设计出许多派生的视图，但上述这些图和其他辅助性的文档是软件开发人员所见的最基本的构造。

2.2.2 常用的 UML 模型图

1. 活动图

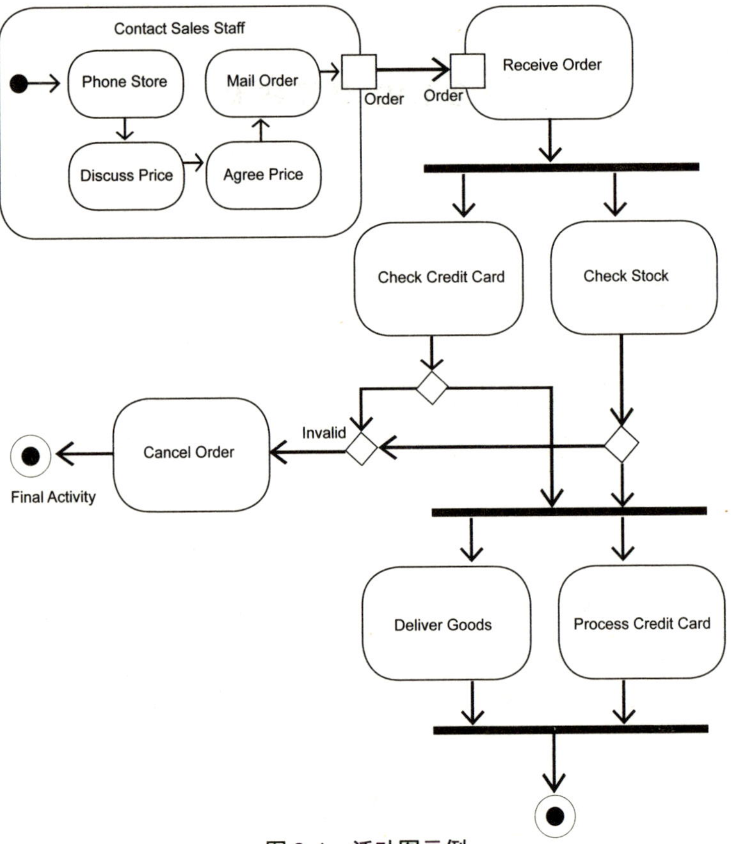

图 2-1　活动图示例

活动图来模拟系统的行为，而这些行为与系统的总体流程相关。绘制活动图的方法如下：根据各种条件，并行处理，数据访问，中断和其他不同的逻辑路径，统一建立一个过程、系统或程序。

2. 用例图

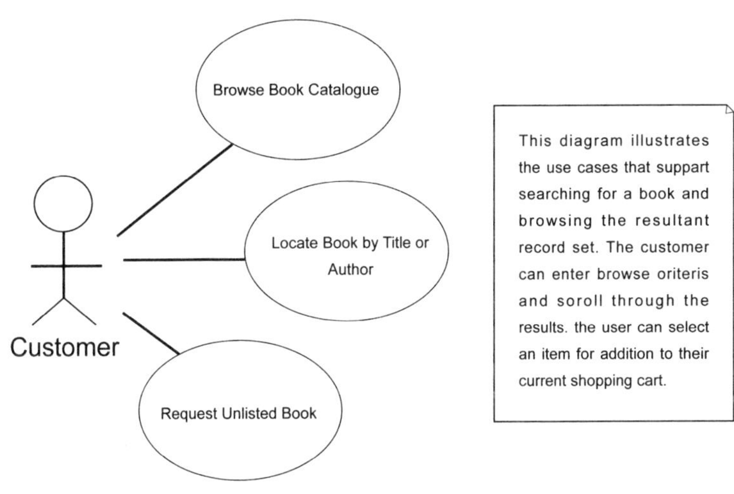

图 2-2　用例图示例

用例图捕获用例和参与者与主题之间的关系（系统）。它描述了系统的功能要求，参与者与在系统边界外部事物的相互作用方式以及系统的响应。

3. 状态图

状态图展现了一个状态机，它由状态、转换、事件和活动组成。状态图是描述系统的动态视图。状态图对于接口、类或协作的行为建模非常重要。

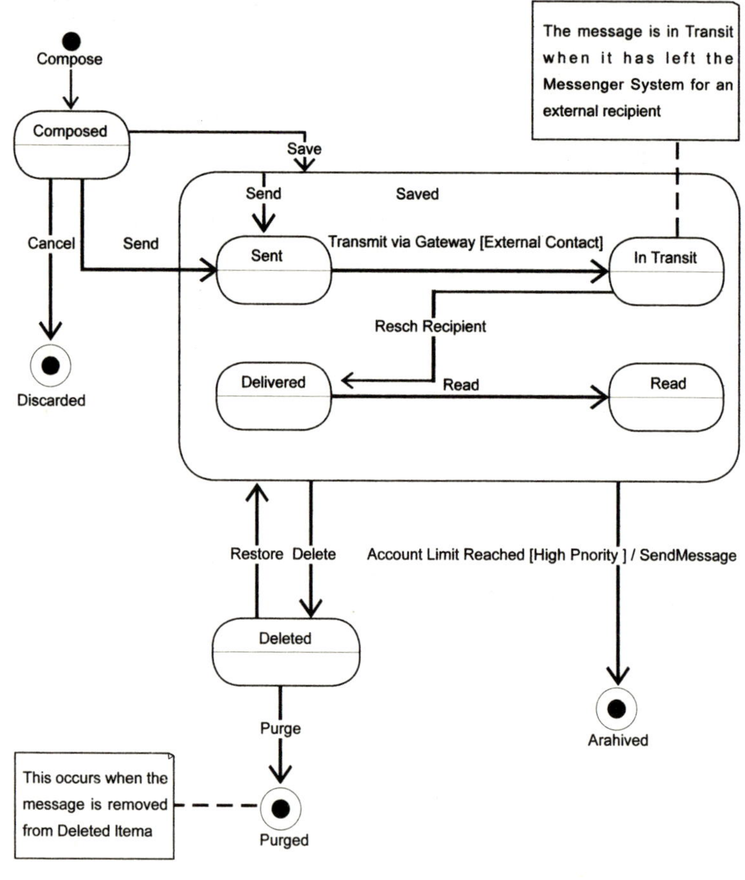

图 2-3　状态图示例

4. 类　图

类图展现了一组对象、接口、协作和它们之间的关系。

类图给出了系统的静态设计视图。

在面向对象系统的建模中，建立的最常见的图就是类图。

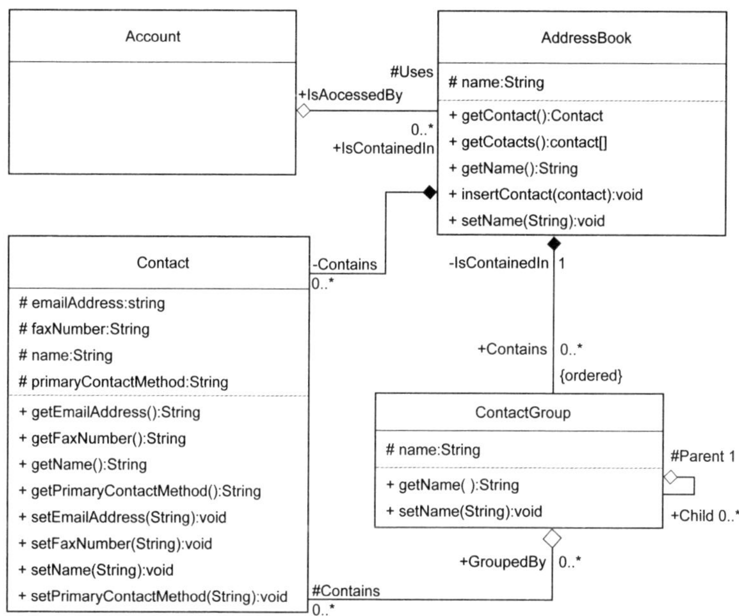

图 2-4 类图示例

5. 序列图

顺序图是一种强调消息的时间顺序的交互图。

它展现了一种交互，由一组对象和它们之间的关系组成，包括它们之间可能发送的消息。顺序图是描述系统的动态视图。

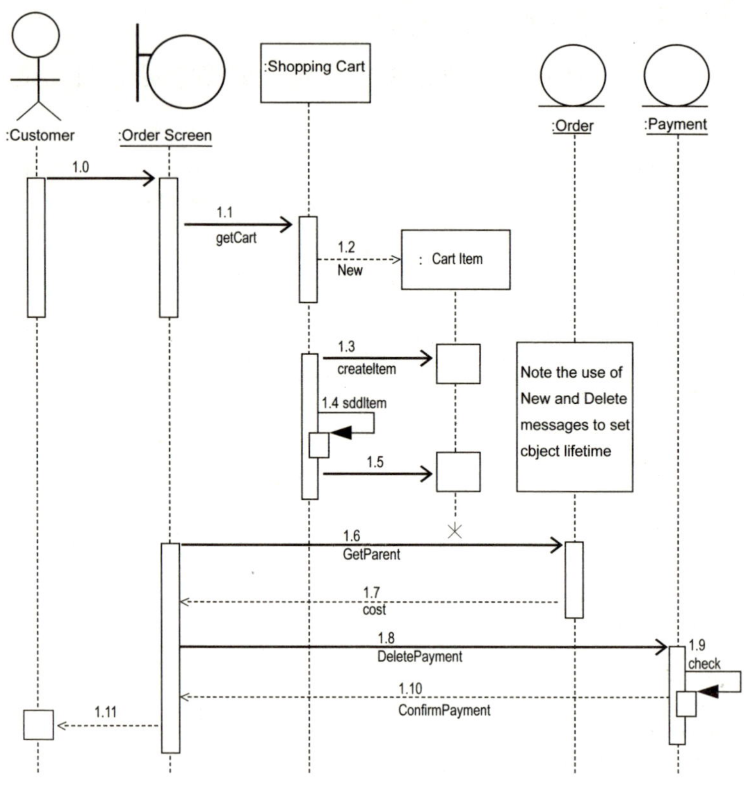

图 2-5 顺序图示例

2.2.3 EA 建模工具

Enterprise Architect 是一个综合性的 UML 分析和设计工具，涵盖了从需求收集到软件开发周期的各个方面，通过分析，实现了模型设计，测试，控制和维护，具有完整的可追溯性。Enterprise Architect 结合了最新的 UML

2.1 规范，其性能高、界面直观，给桌面、完整开发以及实现团队引入了高级的建模能力。这是一个多用户特征的可视化工具，帮助分析人员、测试人员、项目经理、质量控制人员和部署人员在世界各地建立和记录健壮的、可维护的系统和过程。

该软件用于各种应用系统的开发，在航空航天、银行、网站开发、工程、金融、医疗、军事、科研、学术界、运输、零售、公用设施（如天然气和电力）和电气工程等广泛的行业都得到了广泛的应用。国内许多著名院校培训机构，甚至世界各地的培训公司和大学也在大量地使用 UML 和 Enterprise Architect 进行软件建模。

第三章　需求分析

3.1 业务需求

人力资源管理教学模拟系统是为了满足大中专院校人力资源管理专业教学、实习的需要所开发的一套教学辅助和实训系统。本章节以人力资源管理的关键业务流程为核心内容，使用软件工程方法和UML建模技术对本系统进行需求分析，以下是需求分析的详细过程与结果。业务需求是客户或组织对软件产品的高层次需求。

3.1.1 业务描述

该教学模拟系统主要面向人力资源管理课程实践教学领域，以员工为主线来贯穿整个系统的流程，首先从员工进入企业，即招聘管理的范畴；到对员工进行人事安排，即人事管理；以及确定员工薪酬福利待遇，即工资管理；然后对其进行岗前教育和在职培训，即培训管理；加上对员工的日常管理（比如考勤管理）以及工作业绩的绩效考核，即绩效管理。系统形成了对人力资源全过程的网上实现，其目的在于实现模拟人力资源管理各个模块的操作演练[4]。本系统包括人事设置、招聘管理、培训管理、薪酬管理模块和绩效管理模块。

系统整体分为三个管理层次，最高管理权限为管理员，其负责系统的各项初始设置和角色管理，可以分配教师和班级，并为教师设置班级；学生主要完成操作实验；教师完成人力资源教学的学生管理[5]。

3.1.2 主要业务流程

1. 人力资源管理工作业务流程图[6]

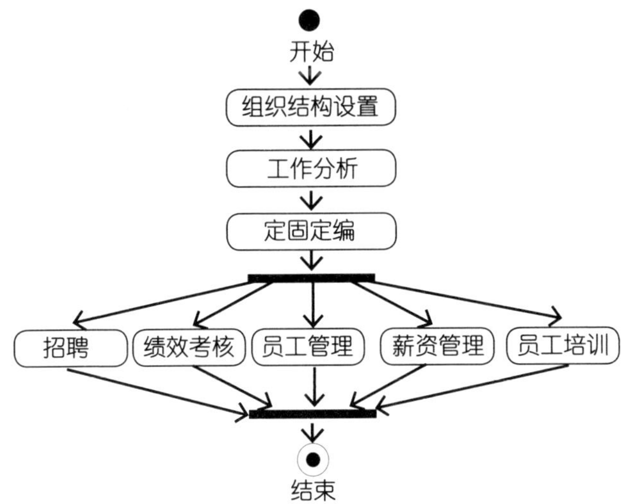

图 3-1　人力资源管理业务活动图

2. 人事设置业务流程图

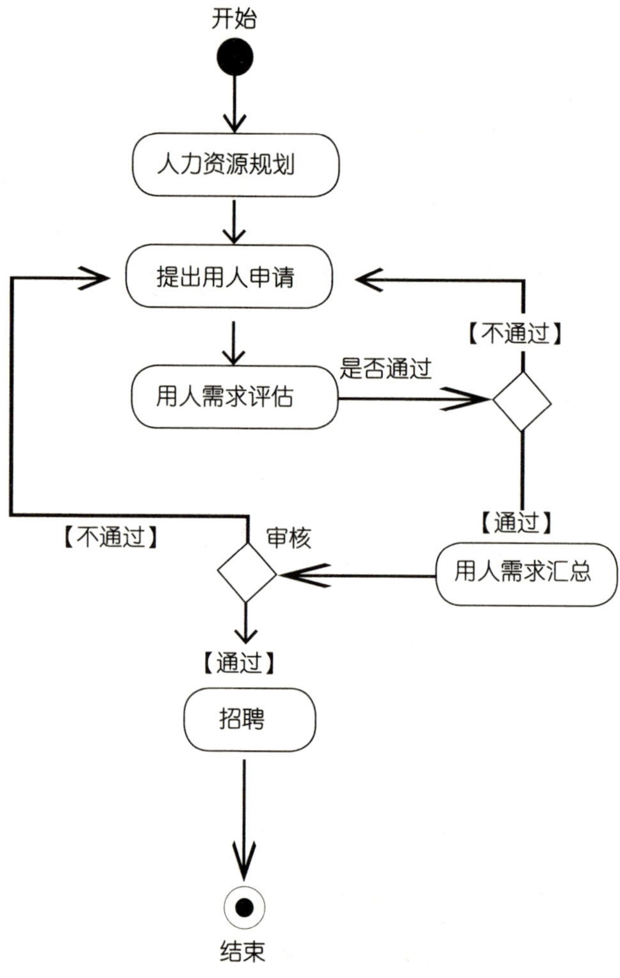

图 3-2　人事设置业务活动图

3. 网上招聘业务流程图

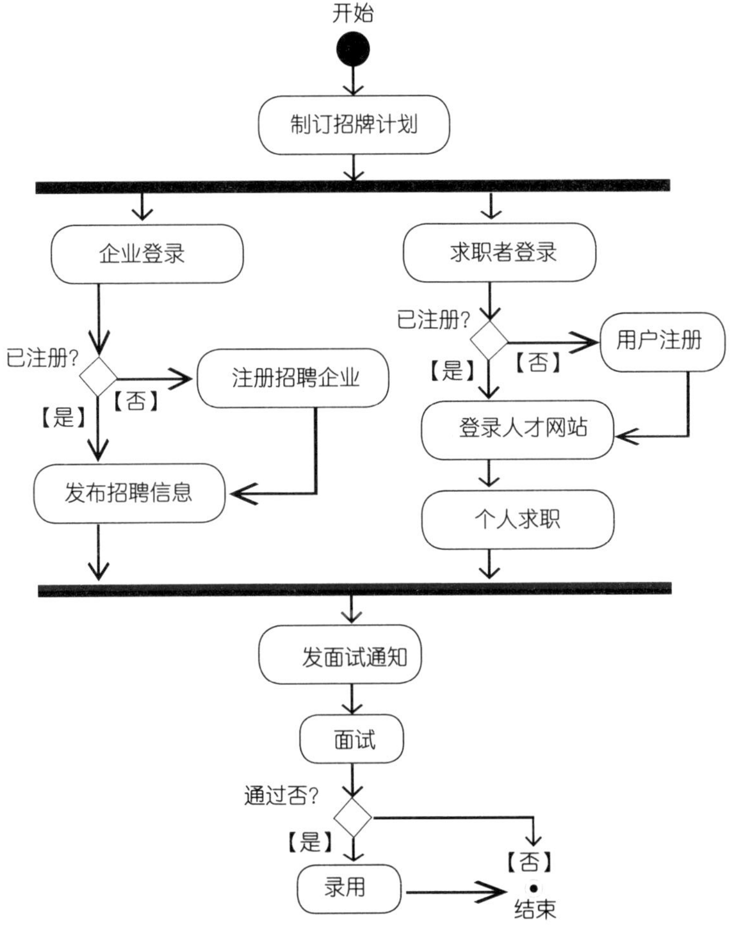

图 3-3　网上招聘业务活动图

4. 培训管理业务流程图

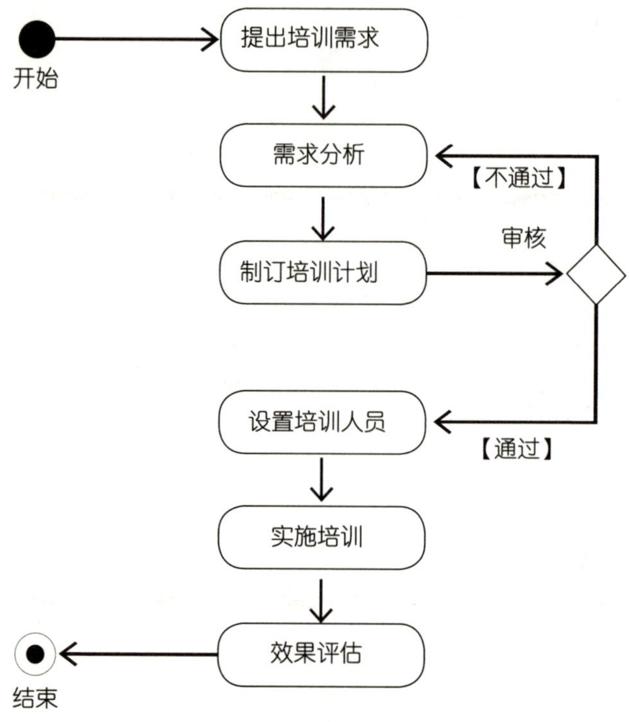

图 3-4　培训管理业务活动图

5. 绩效考核业务流程图

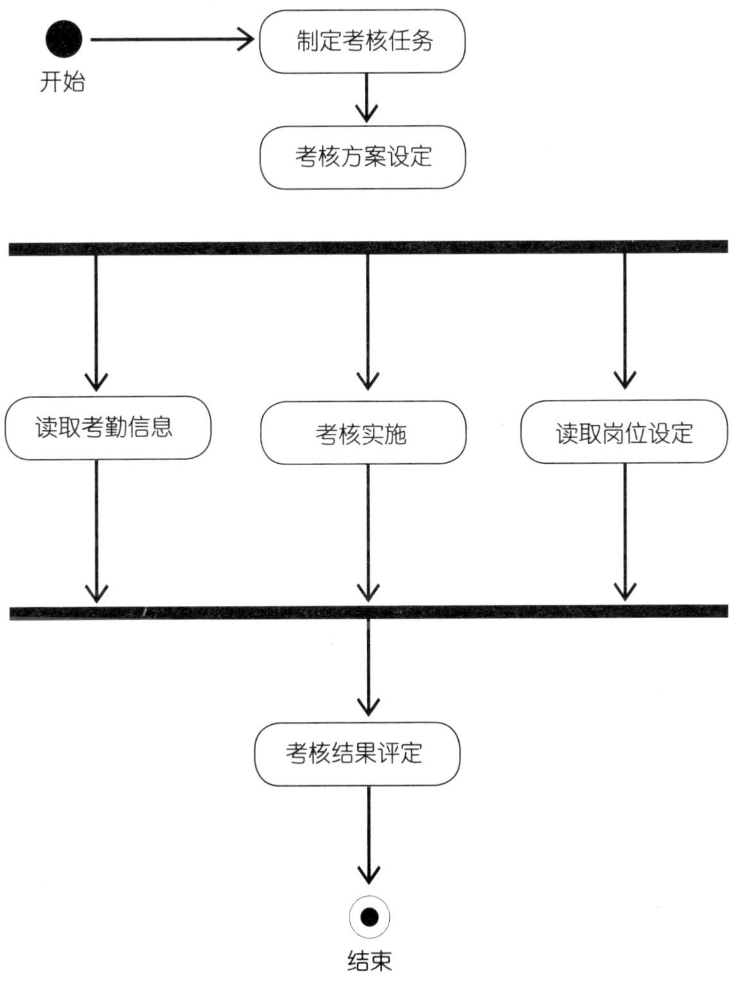

图 3-5 绩效考核业务活动图

6. 薪酬管理活动图

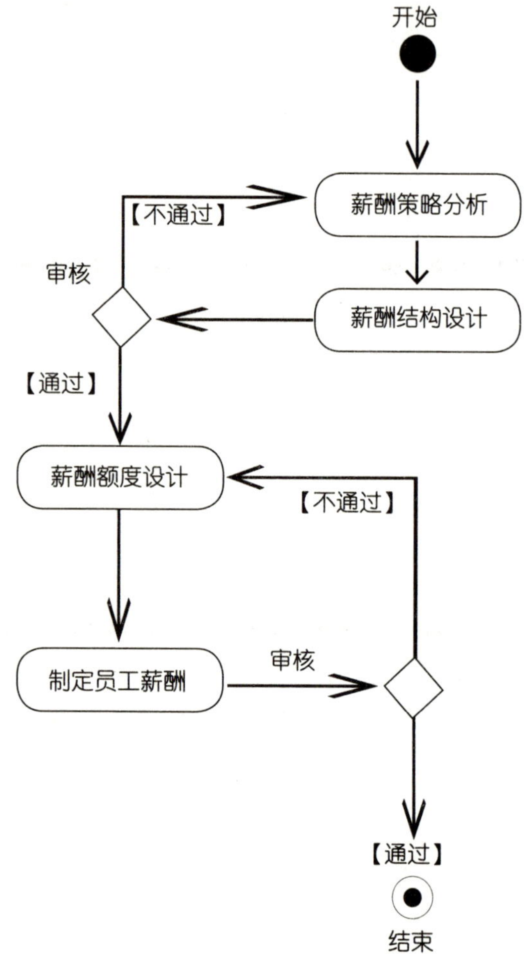

图 3-6　薪酬管理业务活动图

3.2 功能需求

功能是刻画系统的行为，是系统与环境之间的关系的一个重要概念。用户需求描述了一个软件产品所必须完成的基本任务。而功能需求则定义了系统所必须实现的基本软件功能，用户使用这些功能可以去完成他们想要完成的任务，最终能够满足用户的业务需要[7]。

3.2.1 角色分析

以下对人力资源管理教学模拟系统进行需求分析，系统将会涉及以下的一些角色：

表 3-1 系统角色表

角色	职责或功能
用户	系统的基本角色，包含所有角色的公共权限子集

管理角色	系统中所有管理角色的泛化角色
业务角色	系统中所有虚拟业务角色的泛化角色
学生	创建虚拟角色，使用虚拟角色完成人力资源管理的业务流程
人力资源经理	虚拟角色之一，负责虚拟公司人力资源管理的主要业务流程
求职者	虚拟角色之一，参与公司的网上招聘活动
公司员工	虚拟角色之一，参与公司的培训、绩效和日常工作流程事务
教师	管理班级和学生，管理题目、功能模块和知识库
系统管理员	负责对级别用户的增加、删除、修改、查看等的管理

这些角色之间的关系[8]如下图所示：

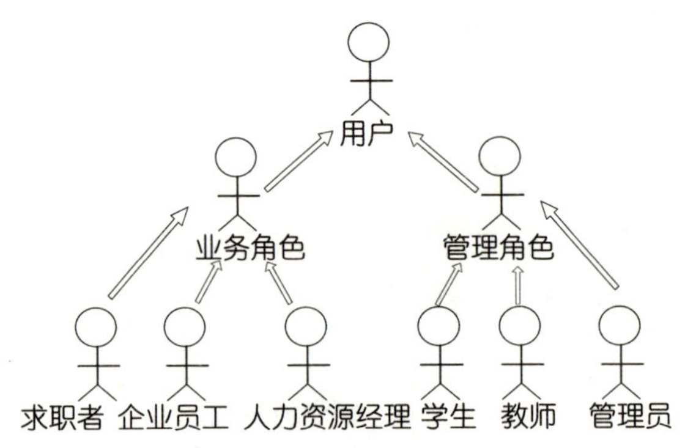

图 3-7　系统角色关系图

图中管理角色是学生、教师和管理员三个基本角色类型的泛化角色，用于对系统中相关配置信息的管理。而求职者、企业员工和人力资源经理等角色都是业务角色的扩展角色，用于在虚拟的公司里面模拟人力资源管理的各种不同工作流程。用户角色则是全部角色的泛化角色，它包含用户登录、个人信息维护、密码修改等基本功能[9]。

3.2.2 业务功能

系统的总体用例图，主要涵盖了招聘管理、人事设置、薪酬管理、绩效考核、培训管理、系统管理与维护等用例。

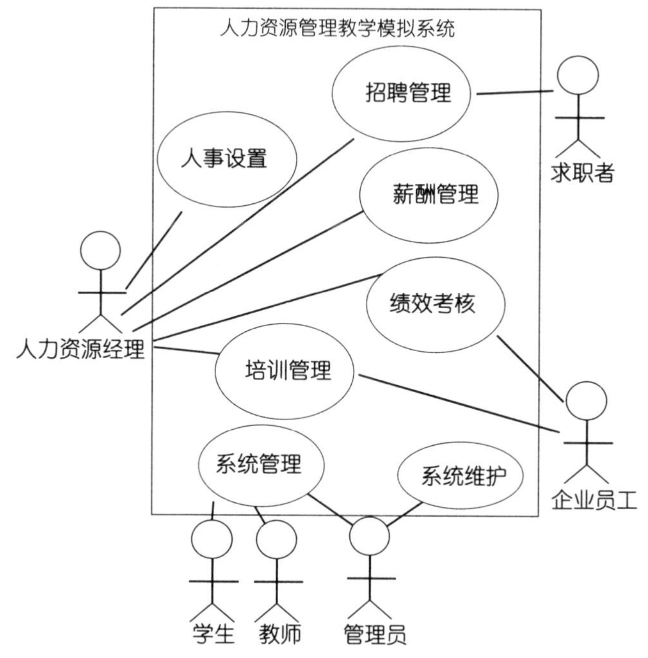

图 3-8 系统总体用例图

1. 人事设置

人事设置包括部门设置、职务设置、合同管理等功能。首先对企业的部门进行设定，部门可以分级且无层次数目限制（即每一部门的属性信息里都包含有所属部门一项）。人力资源管理者可以进行职务分析与设定，不同职务之间有上下级、平级等层次关系，每个部门均可设置多个不同职务。本模块同时完成合同的订立、变更和续签等任务。

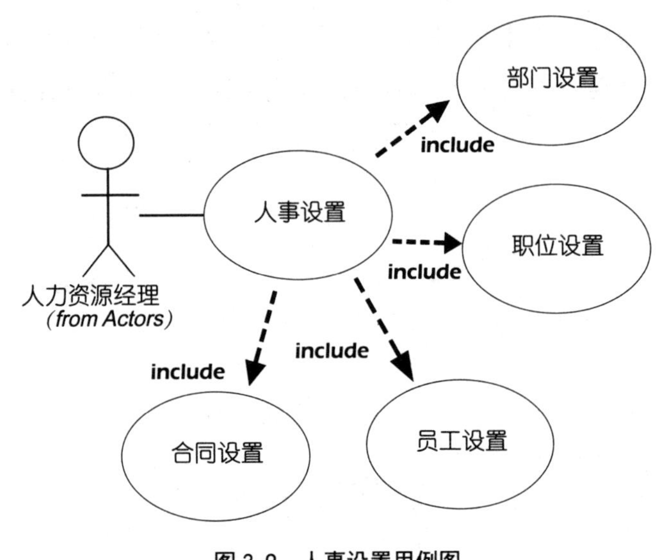

图 3-9　人事设置用例图

表 3-2　人事设置用例描述

描述项	说明
用例名	人事设置

（续表）

标识符＊	YL01
用例描述	人力资源管理的基本要素管理
参与者表	人力资源经理
前置条件	用户已经登录系统
后置条件	开始人事设置的有关操作步骤
基本操作流	（1）人力资源经理角色登录人力资源系统 （2）选择人事管理模块
可选操作流	没有
被泛化用例表	没有
被包含用例表	部门设置、职位设置、员工设置、合同设置

表 3-3　部门设置用例描述

描述项	说明
用例名称	部门设置
标识符＊	YL02
用例描述	对企业的业务部门进行设置
参与者表	人力资源经理

前置条件	用户已经登录系统
后置条件	开始部门设置的相关操作
基本操作流	（1）以人力资源经理角色登录到该管理系统中，然后再设置部门信息 （2）人力资源经理进入到人事管理模块，进行经理角色的设置 （3）添加新的部门同时指定其上级领导部门 （4）选择某一部门名称，进入后再通过选择修改属性，录入部门描述的相关数据
可选操作流	没有
被泛化用例表	没有
被包含用例表	没有

表 3-4　职位设置用例描述[10]

描述项	说明
用例名称	部门设置
标识符 *	YL03
用例描述	职位设置的基本要素管理
参与者表	人力资源经理

（续表）

前置条件	部门已经设置完毕
后置条件	开始职位设置有关操作
基本操作流	（1）人力资源经理进入职位设置，可以看到所有的职位信息 （2）选择添加职位，进入该职位的添加页面 （3）然后输入职位的名称以及所属部门的一些信息 （4）所有操作完成后提交并同时录入有关职位的主要信息
可选操作流	没有
被泛化用例表	没有
被包含用例表	没有

表 3-5　员工设置用例描述

描述项	说明
用例名称	员工设置
标识符 *	YL04
用例描述	公司人事信息设置
参与者表	人力资源经理

（续表）

前置条件	相关部门和岗位已经设置
后置条件	开始员工设置的有关操作
基本操作流	（1）用户选择要设置的部门 （2）选择该部门的特定岗位 （3）从员工列表中选择合适的人对应该工作岗位
可选操作流	没有
被泛化用例表	没有
被包含用例表	没有

表 3-6　合同设置用例描述

描述项	说明
用例名称	合同设置
标识符 *	YL05
用例描述	合同设置的基本要素管理
参与者表	人力资源经理
前置条件	用户已经登录系统
后置条件	开始合同设置的有关操作

（续表）

基本操作流	（1）选择合同对象，确定合同的类型 （2）输入合同期限和起止日期，点"下一步" （3）在合同模板中先设定模块，本步骤直接在模板上修改即可 （4）录入合同的内容，提交后即可
可选操作流	没有
被泛化用例表	没有
被包含用例表	没有

2. 薪酬管理

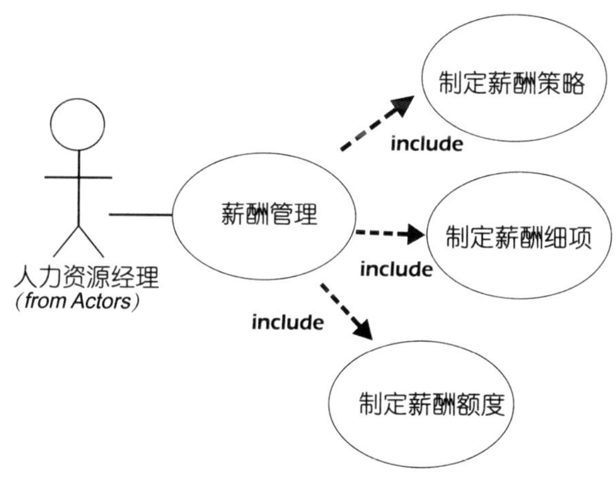

图 3-10　薪酬管理用例图

薪酬管理包括薪酬体系设计、薪酬项目管理等方面的内容。通过该模块可以知道薪酬管理的相关内容，掌握薪酬制定的基本原则、修改方法和查询技巧；薪酬计算方法复杂多变。合理的薪酬制度可以在很大程度上激励员工，通过深入研究薪酬的制定规则，同时也应该具有一定的法律知识，可以为企业制定薪酬管理方案。同时薪酬管理与考勤挂钩，按出勤率发放工资。

表 3-7　薪酬管理用例描述

描述项	说明
用例名称	薪酬管理
标识符 *	YL06
用例描述	对员工的工资和福利进行管理
参与者表	人力资源经理
前置条件	用户已登录系统
后置条件	薪酬管理的有关操作
基本操作流	（1）人力资源经理登录到管理系统中 （2）人力资源经理选择薪酬管理菜单
可选操作流	没有
被泛化用例表	没有
被包含用例表	制定薪酬策略、制定薪酬细项、制定薪酬额度

表 3-8 制定薪酬策略用例描述[11]

描述项	说明
用例名称	制定薪酬策略
标识符 *	YL07
用例描述	设定员工工资
参与者表	人力资源经理
前置条件	用户已经登录系统
后置条件	开始拟定薪酬的有关操作
基本操作流	（1）设定各部门的薪酬大项，可进行修改、删除、新增 （2）单击“新增项目”，为该部门增加工资大项，录入项目名称 （3）可以选择该项目的工资发放是否和考核成绩结合
可选操作流	没有
被泛化用例表	没有
被包含用例表	没有

表 3-9　薪酬细项用例描述

描述项	说明
用例名称	拟定薪酬细项
标识符 *	YL08
用例描述	对员工薪酬细项进行设定
参与者表	人力资源经理
前置条件	薪酬策略已拟定
后置条件	拟定薪酬细项有关操作
基本操作流	（1）设定各部门薪酬大项中的小项，可进行修改、删除、新增 （2）选择要制定薪酬细项的部门，点“工资大项”，可以查看该大项下的细则部分 （3）以此类推，拟定所有部门薪酬策略
可选操作流	没有
被泛化用例表	没有
被包含用例表	制定薪酬策略、制定薪酬细项、制定薪酬额度

表 3-10　制定薪酬额度用例描述

描述项	说明
用例名称	拟定薪酬额度
标识符 *	YL09
用例描述	拟定薪酬额度
参与者表	人力资源经理
前置条件	用户已经设定好薪酬结构的各个项目
后置条件	拟定薪酬额度有关步骤
基本操作流	（1）制定各薪酬细则的具体金额，薪酬的具体金额是针对每一个员工制定的 （2）首先选择员工，点“下一步”。 （3）如果设定好了薪酬信息，这就可以看到 （4）如果没有设定，那就点击“修改”，设定金额
可选操作流	没有
被泛化用例表	没有
被包含用例表	没有

3. 招聘管理

招聘管理由最高层管理者、人力资源管理者和待聘人员三方参与共同完成该模块任务。人力资源管理者可以根据当前企业的人力情况及任务分配情况（任务分配表），制订招聘计划，经最高层管理者审批后，发布招聘信息，应聘人员根据该信息录入应聘信息，配合人力资源管理者完成面试、复试及录用工作。

招聘管理模块在该教学模拟系统中可以让学生同时作为人力资源经理和求职者，分别进行模拟招聘和应聘，通过这些训练，学生们可以有效掌握整个网上招聘和应聘的完整流程。

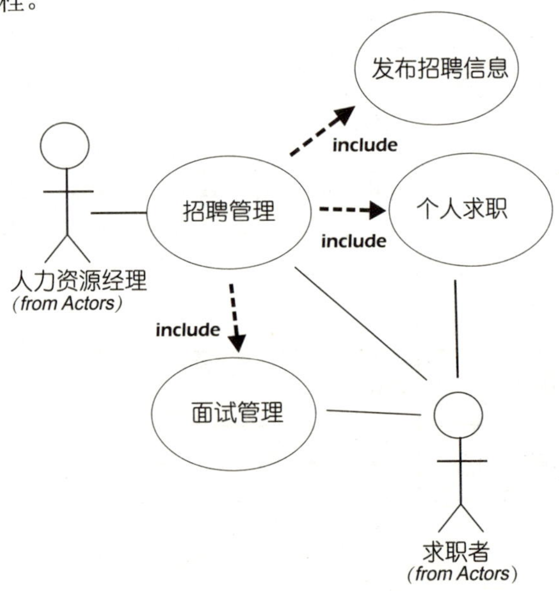

图 3-11　招聘管理用例图

学生作为个人用户，通过网上人才平台投递简历，寻找工作机会，在网上应聘，和企业在网络上进行交流。

该模块主要包括发布招聘信息、个人求职和面试管理等子模块的内容。

学生通过虚拟角色登录网上人才平台，发布企业的一些招聘信息，虚拟求职者参加由平台组织的招聘会，企业利用网络招聘合适的人才，同时把合适的人员转入人才资源管理系统的招聘中心。

表 3-11 招聘管理用例描述[12]

描述项	说明
用例名称	招聘管理
标识符 *	YL10
用例描述	招聘管理之基本要素管理
参与者表	人力资源经理、求职者
前置条件	用户已经登录系统
后置条件	招聘管理的有关操作步骤
基本操作流	（1）人力资源经理和求职者登录到系统中 （2）人力资源经理选择招聘管理菜单 （3）求职者选择应聘菜单

（续表）

可选操作流	没有
被泛化用例表	没有
被包含用例表	发布有关招聘信息、个人进行求职、企业对面试进行管理

表 3-12　发布招聘信息用例描述

描述项	说明
用例名称	发布相关招聘信息
标识符 *	YL11
用例描述	人力资源经理在招聘网站上面发布公司的招聘信息
参与者表	人力资源经理
前置条件	用户已经进入招聘管理这个模块
后置条件	发布招聘信息操作步骤
基本操作流	（1）人力资源经理收集好所有部门的招聘需求后，就可以通过选择系统中的网上人才市场，进入虚拟企业的控制台或者直接到人才市场登录 （2）点击“招聘发布”，其中所有的备选招聘职位都是可以由人力资源经理在系统中提前设置的，添加的时候直接选择某个职务即可 （3）根据设定的信息在人才市场中补充招聘的其他有关事宜，并“提交”

（续表）

可选操作流	没有
被泛化用例表	没有
被包含用例表	没有

表 3-13　个人求职用例描述[13]

描述项	说明
用例名称	个人求职
标识符*	YL12
用例描述	求职人员的网上求职流程
参与者表	人力资源经理、求职者
前置条件	已经发布企业招聘信息
后置条件	进入个人求职的有关步骤
基本操作流	（1）求职者通过首页或查找等手段找到招聘企业发布的招聘职位 （2）点击“申请这个职位”，即可发送求职信息 （3）人力资源经理登录人才市场，在控制台中查看求职来信 （4）将该用户加入面试列表，人力经理进入管理系统后，在面试信息管理中可以看到该信息 （5）点“发送面试通知”，向求职者发送面试通知，发送后，登录可查

（续表）

可选操作流	没有
被泛化用例表	没有
被包含用例表	没有

表 3-14　面试管理用例描述

描述项	说明
用例名称	面试管理
标识符 *	YL13
用例描述	进行面试过程管理
参与者表	人力资源经理、求职者
前置条件	求职者收到面试通知，企业做好了面试计划
后置条件	完成面试的整个流程
基本操作流	（1）虚拟招聘企业的人力资源经理登录到该管理系统中，进入招聘管理模块，选择面试安排，可查看到应聘信息 （2）点击“可安排面试”，选择面试考官，可通知其对应聘者安排面试。被面试者将在自己的个人管理模块中看到该面试通知 （3）如果面试情况好，需要向该应聘者寄出招聘信。该应聘者的信息将会被系统记录下来 （4）应聘人员登录后，点击“个人管理”页面，可以查看到面试单位寄出的招聘信

（续表）

可选操作流	没有
被泛化用例表	没有
被包含用例表	没有

4. 绩效考核

绩效考核（performance evaluation），是企业绩效管理中的一个环节，常见绩效考核方法包括 BSC、KPI 及 360 度考核等。学生通过模拟操作，基本掌握绩效管理的主要流程。

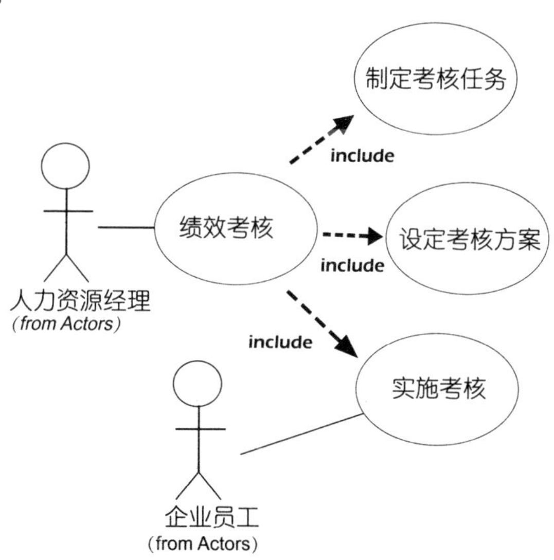

图 3-12 绩效考核用例图

表 3-15　绩效考核用例描述

描述项	说明
用例名称	绩效管理
标识符 *	YL14
用例描述	绩效考核基本要素的管理
参与者表	人力资源经理、企业员工
优先级	3 级
状态 *	进行中
前置条件	用户已经登录系统
后置条件	用户开始有关绩效考核的操作
基本操作流	（1）人力资源经理和企业员工登录到系统中 （2）人力资源经理选择绩效考核菜单 （3）企业员工选择实施考核菜单
可选操作流	没有
被泛化用例表	没有
被包含用例表	制定考核任务、制定考核方案和实施考核
被扩展用例表	没有

表 3-16 制定考核任务用例描述

描述项	说明
用例名称	拟定考核的任务
标识符 *	YL15
用例描述	对绩效评估的有关参数进行确定
参与者表	人力资源经理
前置条件	用户已经进入该模块
后置条件	拟定考核细则
基本操作流	（1）人力资源经理进入“考核管理”，选择“360 度考核法”，输入考核标题 （2）人力资源经理选择考核时间，指定考核对象并录入考核内容
可选操作流	（1）人力资源经理进入“考核管理”，在“指标考核法”中输入考核项目，并明确考核的时间 （2）人力资源经理确定考核人员，最终录入考核内容。提交后还可继续录入
被泛化用例表	没有
被包含用例表	没有
被扩展用例表	没有

表 3-17 制定考核方案用例描述

描述项	说明
用例名称	制定考核方案
标识符 *	YL16
用例描述	制定考核方案的相关内容
参与者表	人力资源经理
前置条件	用户已进入绩效考核模块，考核任务已经制定
后置条件	开始制定考核方案
基本操作流	（1）人力资源经理进入考核方案设定，选择“360 度考核法”，可看到所有上一步操作制定的考核任务 （2）人力资源经理进入某一考核任务，根据实验数据或自己设定的数据录入考核项目和评分的标准，完成后提交
可选操作流	（1）人力资源经理进入考核方案设定，选择“指标考核法”，这里可以为每个部门设置指标，同时设定指标在整个考核中所占的比例和分值，最后某项的得分是由该项的得分与所占比例的乘积，一般设置的单项分值为 100 分 （2）人力资源经理点“增加指标”，录入指标名称的所占比例和分值，提交。直到所有比例加起来为 100%，则完成添加

表 3-18 实施考核用例描述[14]

描述项	说明
用例名称	考核的具体实施
标识符 *	YL17
用例描述	对员工的绩效进行分析评价，并进行考核
参与者表	人力资源经理、求职者
前置条件	用户已进入绩效评估模块
后置条件	开始对绩效评估的结果进行考核
基本操作流	（1）人力资源经理根据员工当前任务分配对其评估结果进行审核。审核时，管理者根据已经指定的评估因素的权值和计算公式，得出员工自评的计算结果 （2）人力资源经理根据该计算结果和该员工在一定时期内担当职务的表现和工作业绩进行分析，得出奖惩记录
可选操作流	员工对测评有意见的话，可以在此发表意见，并由人力资源经理对意见进行处理。员工进入发表意见，输入自己的意见后提交
被泛化用例表	没有
被包含用例表	没有
被扩展用例表	没有

5. 培训管理

对于新进入企业的员工，一般需要首先进行培训，培训内容包括管理系统的使用、公司情况的了解和技能培训等。在本模块中，人力资源经理可根据实验数据设置培训内容，也可以自行设定培训内容。

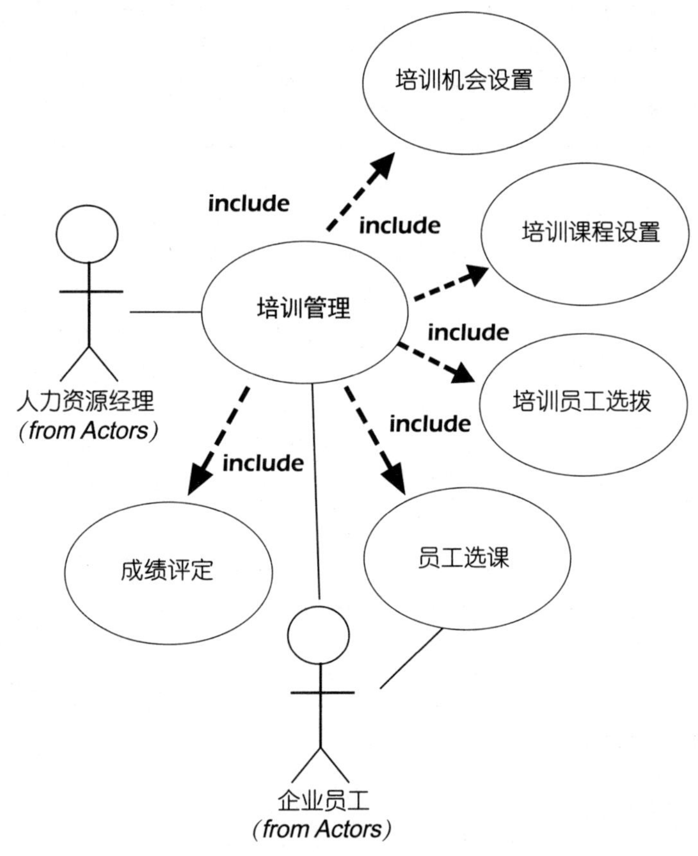

图 3-13　培训管理用例图

学生通过该模块了解培训管理的整个流程设置的内容和大体框架，掌握企业运用培训管理模块有序地完成培训计划制定、培训实施、培训材料管理等一系列步骤；深入学习企业人才培养方面的制度和方法，培养学生根据各个相关业务部门提出的培养需求来制定详细培训计划的能力，同时为员工制定个性化的培训方案。该模块包含培训机会设置、培训课程设置、培训员工选拔、员工选课和成绩评定等子模块的内容。

表 3-19　用例描述

描述项	说明
用例名称	培训管理
标识符 *	YL18
用例描述	对培训管理中的基本要素进行管理
参与者表	人力资源经理
前置条件	相关用户已经登录系统
后置条件	开始培训的操作步骤
基本操作流	（1）人力资源经理登录到管理系统中 （2）人力资源经理选择培训管理菜单
可选操作流	没有

（续表）

被泛化用例表	没有
被包含用例表	培训员工选拔、培训课程、培训机会、员工选课、参加培训 / 成绩评定

表 3-20　用例描述

描述项	说明
用例名称	培训机会的设置
标识符 *	YL19
用例描述	培训项目设定
参与者表	人力资源经理
前置条件	用户已经进入培训模块
后置条件	设置相关培训机会
基本操作流	（1）人力资源经理登录到管理系统中 （2）人力资源经理根据当前企业的需求和战略，设置合适的培训机会
可选操作流	没有
被泛化用例表	没有
被包含用例表	没有

表 3-21 用例描述

描述项	说明
用例名称	培训课程的设定
标识符 *	YL20
用例描述	有关培训课程的设定
参与者表	人力资源经理
前置条件	已进入培训这个模块
后置条件	设置有关培训课程
基本操作流	（1）培训机会设定以后，每一个机会分别设定相关课程的课程名称、学分数、上课时间等 （2）对课程信息进行增加、删除、修改
可选操作流	没有
被泛化用例表	没有
被包含用例表	没有

表 3-22 用例描述

描述项	说明
用例名称	培训员工选拔

（续表）

标识符 *	YL21
用例描述	选拔将要参加培训的员工
参与者表	人力资源经理
前置条件	进入培训模块
后置条件	开始选拔
基本操作流	（1）人力资源经理根据员工的现有基本情况和绩效评估的结果对企业员工进行选拔 （2）人力资源经理对员工的培训计划进行制定
可选操作流	没有
被泛化用例表	没有
被包含用例表	没有

表 3-23　用例描述

描述项	说明
用例名称	员工选课
标识符 *	YL22
用例描述	员工选择适合自己的培训课
参与者表	企业员工

（续表）

前置条件	用户已经进入培训模块
后置条件	开始选择适合自己的培训课
基本操作流	（1）企业员工根据系统中的培训计划信息来选择已经设置好的相关培训课程，同时要求必须满足一定数量的总学分 （2）培训课程的培训计划安排在员工选完培训课程以后，将会自动生成
可选操作流	没有
被泛化用例表	没有
被包含用例表	没有

表 3-24　用例描述

描述项	说明
用例名称	成绩评定
标识符 *	YL23
用例描述	评定员工的培训成绩
参与者表	人力资源经理
前置条件	企业员工已经进入培训实施模块

（续表）

后置条件	开始评定参训者的最终成绩
基本操作流	（1）人力资源经理对参加培训人员的成绩进行相应的评定 （2）人力资源经理根据课程安排来管理培训，依照评定的最终成绩，系统自动产生培训的结果
可选操作流	没有
被泛化用例表	没有
被包含用例表	没有

6. 系统管理

系统管理分为三个管理层次，最高管理权限为管理员，负责系统初始设置，设置班级和教师，并为教师分配所管理的班级；教师负责日常的学生管理；学生作为实验的主体，完成相关的操作实验和各种工具的应用。

系统提供给学生交互式的平台，供学生分角色进行实验。学生实验时，首先在平台中进行注册，待教师为他们开通账号后，作为企业人事管理角色的同学到人力资源管理系统中注册成为用户，该用户注册通过审核后就具有本公司人力资源经理的权限，登录进入后可进行相关的管理操作。

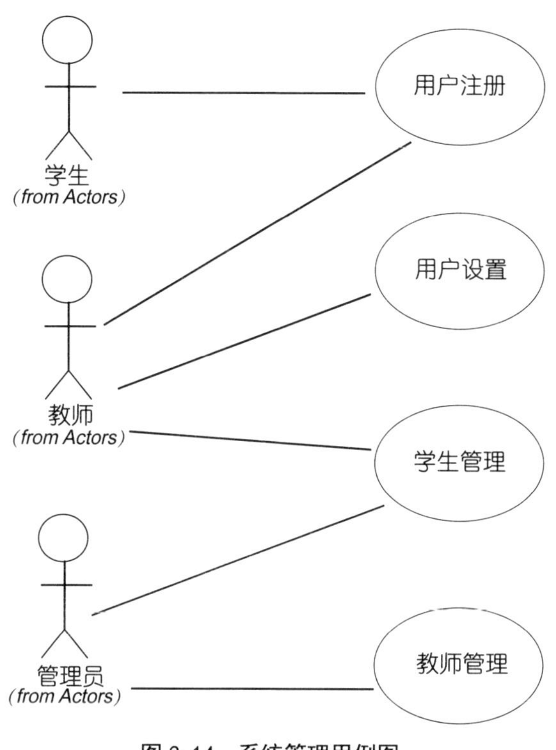

图 3-14　系统管理用例图

表 3-25　用例描述

描述项	说明
用例名称	用户注册
标识符 *	YL24
用例描述	注册学生账号

（续表）

参与者表	学生、教师
前置条件	无
后置条件	注册学生账号
基本操作流	（1）进入系统首页面，点“学生注册”，选择学校名称 （2）填写用户名、密码、个人信息等内容，完成注册后，等待教师确认 （3）教师在后台审批。首页以教师身份登录系统，可看到学生管理界面，选择所要审批的学生账号，点“确认通过身份验证”，学生即可登录系统 （4）教师审批完成后，需要为学生分配实验组。进入实验组管理，可选择班级，为所带班级设置实验组，输入组名，可直接添加 （5）点“查看组成员”，可看到该组成员，如果是新组，则可以自动分配成员和手动添加组成员，自动分配时，输入人数即可
可选操作流	没有
被泛化用例表	没有
被包含用例表	没有

表 3-26　用户设置

描述项	说明
用例名称	用户设置

（续表）

标识符 *	YL25
用例描述	设置好实验环境和分配成员角色
参与者表	教师
前置条件	学生已经注册并且已经分组完毕
后置条件	组内成员角色分配
基本操作流	（1）登录系统，登录后，进入个人控制台可进行设置。首先进行企业资料设置。点设定按钮，输入公司基本信息，点设定完成 （2）设定学生的角色。进入组控制台，对每个学生的角色进行设置，可查看到学生的角色
可选操作流	没有
被泛化用例表	没有
被包含用例表	没有

表 3-27　教师管理

描述项	说明
用例名称	教师管理
标识符 *	YL26

（续表）

用例描述	管理员管理系统中的教师角色
参与者表	系统管理员
前置条件	系统管理员已经登录
后置条件	开始添加任课教师
基本操作流	（1）创建要进行教学的班级 （2）创建与管理任课老师 （3）给每个班级分配任课老师
可选操作流	没有
被泛化用例表	没有
被包含用例表	没有

表 3-28　用例描述

描述项	说明
用例名称	系统设置
标识符 *	YL27
用例描述	设定系统中各个角色的权限以及系统中的一些资料

（续表）

参与者表	系统管理员
前置条件	系统管理员已经登录
后置条件	开始设定权限和资料
基本操作流	（1）管理员设定好各个角色所对应于系统中的操作权限 （2）管理员维护系统中的各种资料内容
可选操作流	没有
被泛化用例表	没有
被包含用例表	没有

3.3 数据需求

3.3.1 人事设置

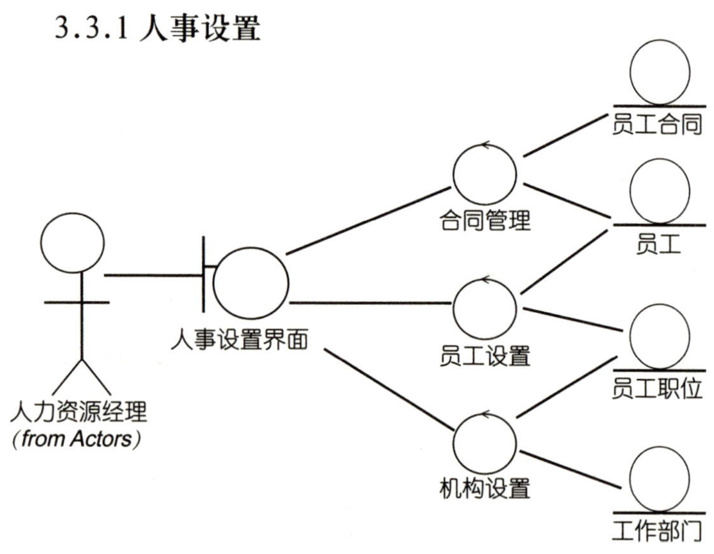

图 3-15　人事设置类图缩略表示

3.3.2 培训管理

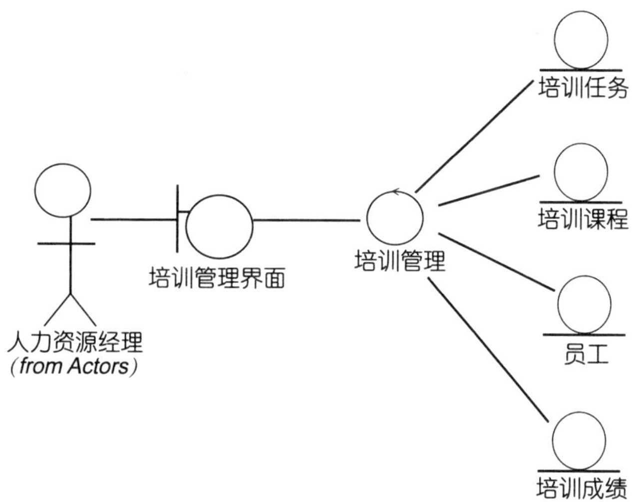

图 3-16 培训管理类图缩略表示

3.3.3 招聘管理

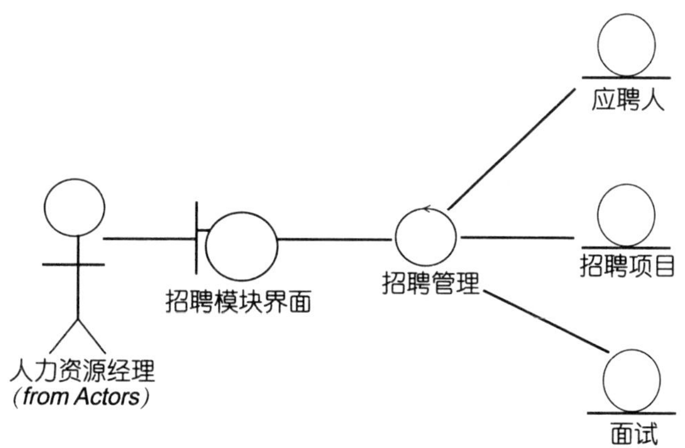

图 3-17 招聘管理类图缩略表示

3.3.4 绩效考核

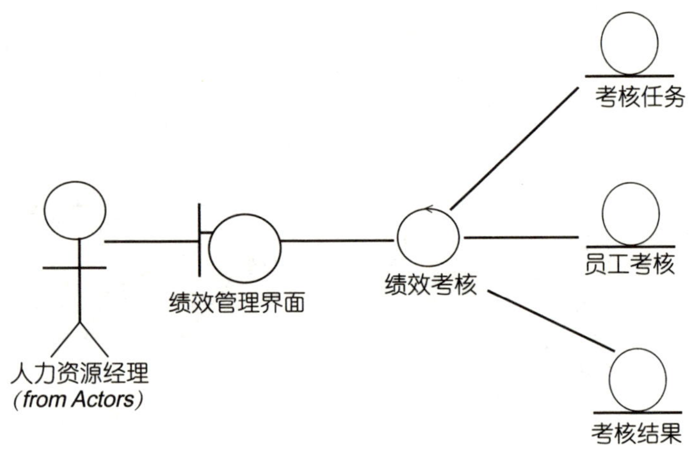

图 3-18　绩效考核类图缩略表示

3.3.5 薪酬管理

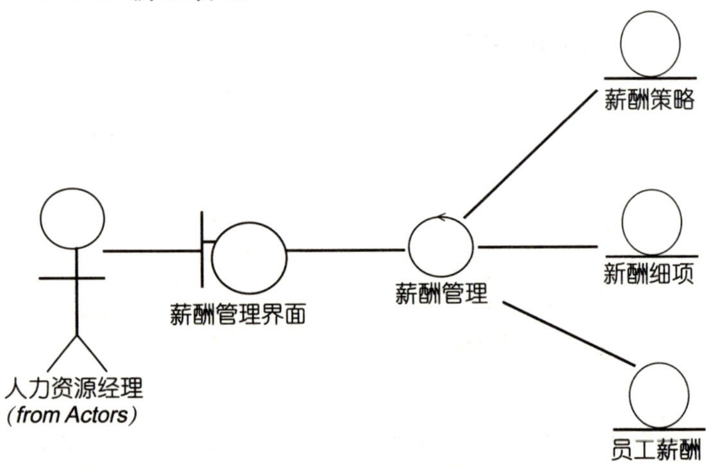

图 3-19　薪酬管理类图缩略表示

3.3.6 系统管理

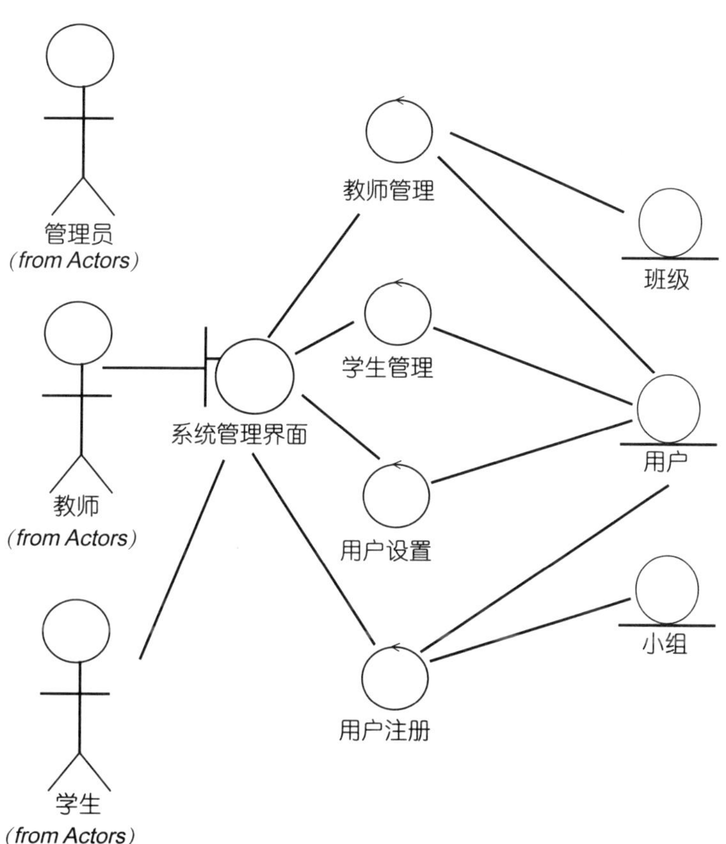

图 3-20 系统管理类图缩略表示

3.4 非功能需求

非功能需求通常用来描述系统必须遵从的标准和规范；是除掉功能需求之外的性能要求及质量属性，与具体的业务逻辑无关[15]。

3.4.1 运行环境需求

服务器端：

表 3-29　服务器端环境

数据库类型	Microsoft SQL Server 2000 SP1 或以上
操作系统	Windows7 或以上
Web 服务器	IIS 7.0 或以上

客户端：

表 3-30　客户端环境

操作系统	WindowsXP 及其以上版本操作系统
浏览器	IE 6.0 及其以上版本
分辨率	最佳显示效果为 1024×768 像素

3.4.2 系统性能需求

1. 可维护性

系统可以做到自身在数据被损坏或者丢失等情况下将之前的备份数据倒回，从而实现数据的恢复。同时还必须提供相应的集中操作和维护的功能[16]。

2. 易操作性

系统必须提供美观实用和方便直观的 UI 界面，必须充分考虑用户的操作习惯，简单易学，使用方便，所有菜单的处理和各种快捷键、一键功能都能够方便快捷的调用。

3. 可扩展性

从系统架构、功能设计与单元模块等各方面来考虑可扩展性，以满足用户今后种种需求的变化。

4. 开放性

系统的基础数据格式必须要符合国家相关标准以及行业相关标准，从而确保程序具有良好的可操作性，同时也具备了移植的可能[17]。

第四章　系统设计

4.1 功能模块设计

系统设计是软件开发的关键。在软件需求分析阶段是为了弄清楚各种软件需求，解决“做什么”的问题，那么对软件系统的各种功能结构、用户界面和数据结构的描述，也就是解决“怎么做”的问题，这便是系统设计阶段，通过“设计模型图”来展现系统设计。

该人力资源管理教学模拟系统采用基于B/S架构，系统的开发平台选用vs2008.net+SQL Server 2000，其主要的平台技术架构如图4-1所示，整个系统由三部分组成。最上层的是客户端，由于系统采用B/S架构，因此该层次选择的是网络浏览器。中间部分是web服务器，部署的运行环境包括了Webform、web service和一些数据层的内容，在这里主要是ADO.net以及相关组件。最底层是数据库服务器，安装有 SQL Server 服务器及其相关管理系统[18]。

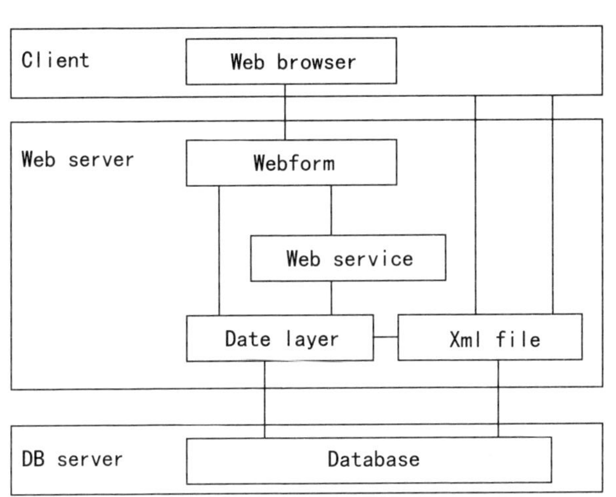

图 4-1　平台技术架构图[19]

用户可以通过 web 浏览器来访问 web 页面，每个 web 页面由 asp.net 前台页面和 c# 的后台代码所构成，我们将业务逻辑部分写入到 c# 文件中，而软件的表示层也就是系统的界面部分是通过 asp.net 页面来实现的，这种解决方案能够使得软件的界面层和业务逻辑层得到分离，从而优化软件系统的结构，其中 c# 的源代码在编译以后会生成 dll 文件，部署系统时只要部署该动态链接库文件就可以，而 c# 源代码文件在部署时可以删除掉，以防止代码泄密。Web 页面可以直接访问数据层或者通过调用 web 服务的方式来间接访问数据层[20]。

在系统功能架构设计中，我们定义人力资源管理模拟教学平台的各主要部件及成分之间的关系如下图所示[21]。

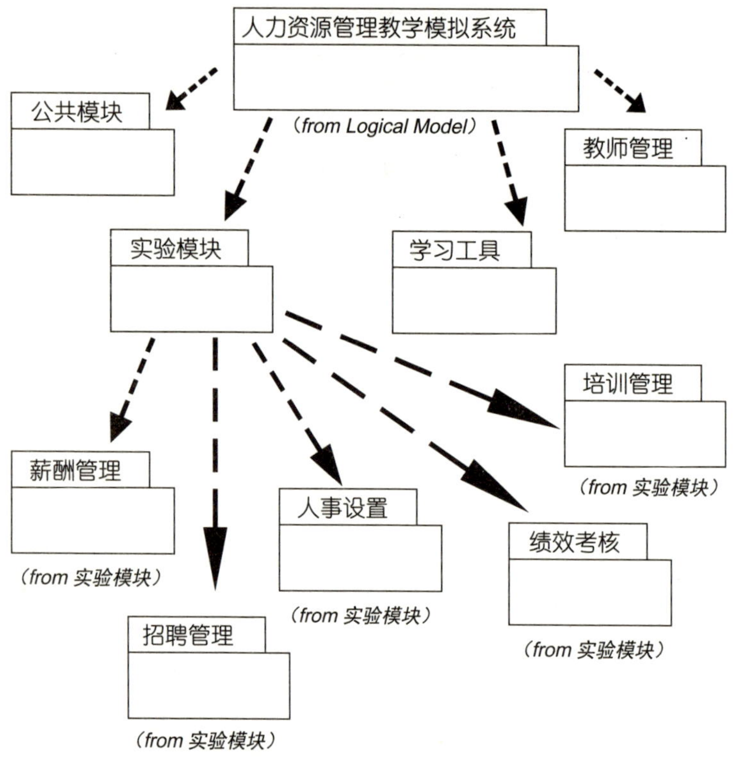

图 4-2　系统总包图

由于系统的功能点较多，以下是部分功能模块的设计内容，主要涉及人力资源管理的相关流程。

4.1.1 人事设置

该模块的操作流程设计如下：

学生以人力资源经理的角色登录到该管理系统中，首先进行虚拟企业部门信息的相关设置。进入到该模块之后，系统将会显示出部门里面内置了人力资源部和决策层，其中组长为人力资源部成员中设置好人力资源经理角色。

然后增加新的业务部门，同时选择该部门的上级主管部门。选择某一部门的名称以后，可以进行属性的修改，然后在里面输入该部门相关的一些描述数据。

接下来给系统中已有的相关部门设置与其职能相互匹配的职位。在职位设置里面，可以查看所有相关的职位信息。通过职位添加功能来添加职位信息，输入该职位的名称以及所属部门的详细信息，检查无误后保存已经录入的职位信息。

1. 功能结构设计

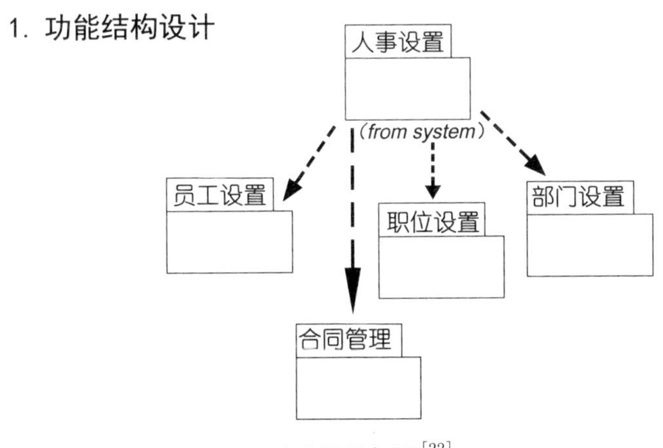

图 4-3　人事设置包图[22]

2. 类图设计

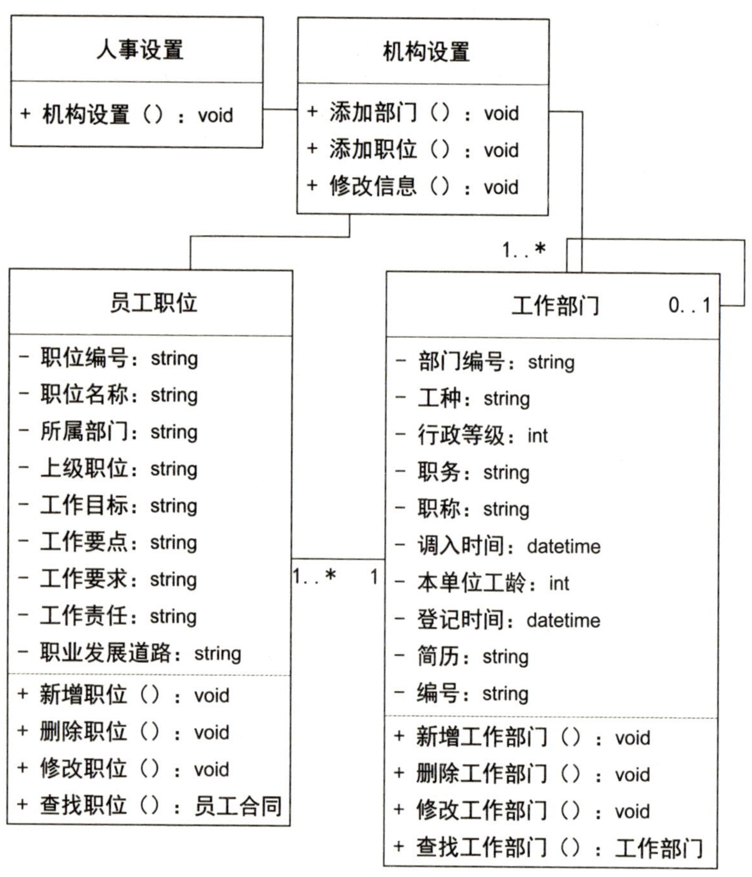

图 4-4　人事设置类图

3. 顺序图设计

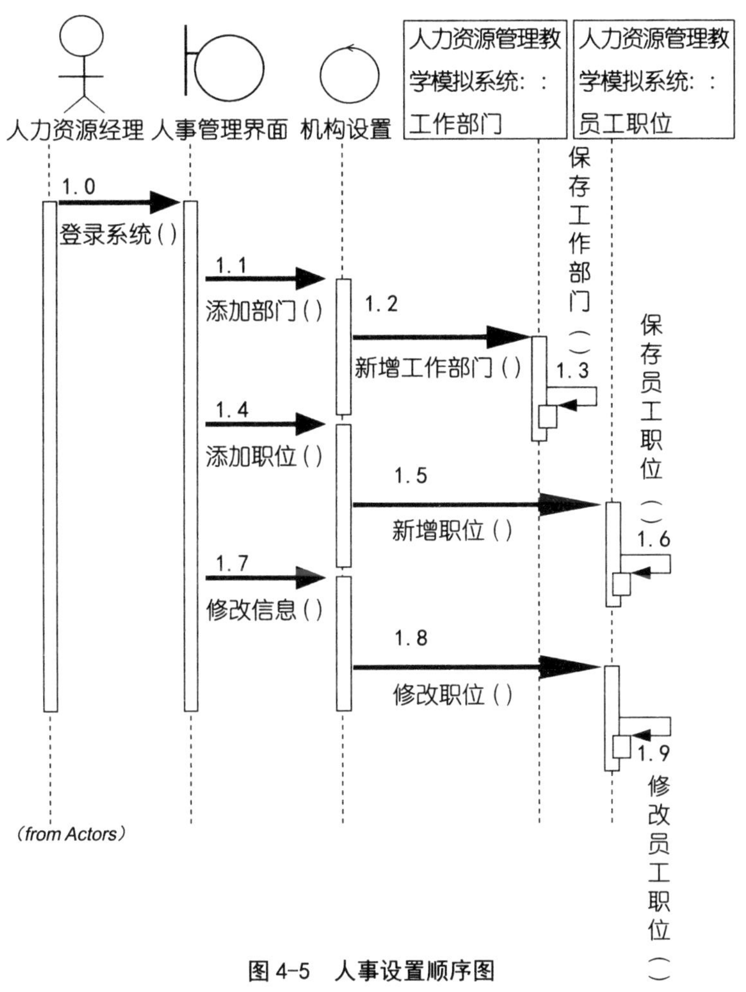

图 4-5　人事设置顺序图

4. 核心处理流程设计[23]

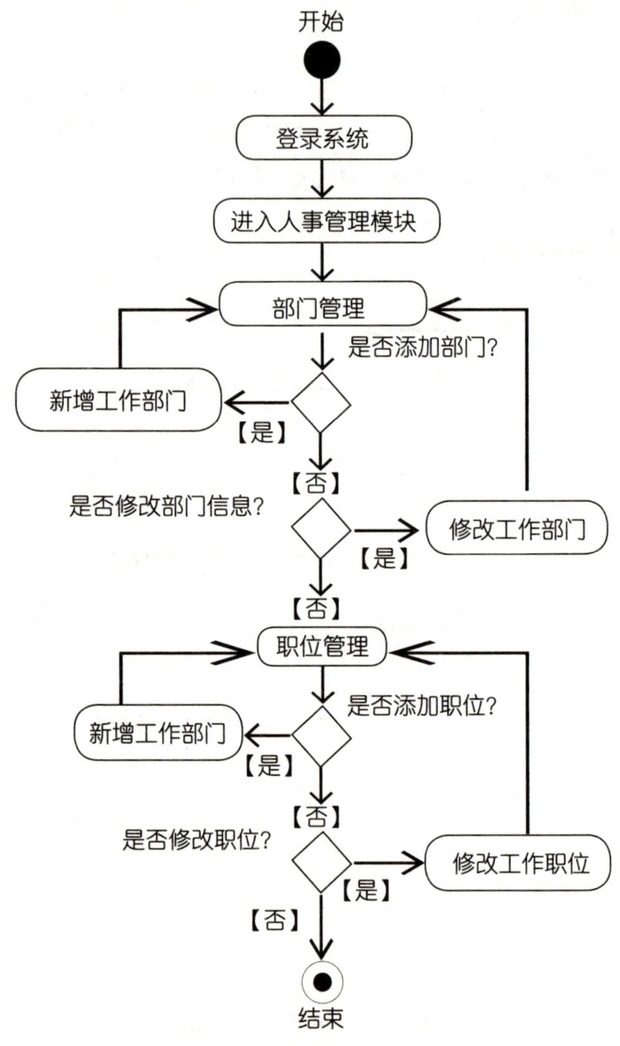

图 4-6　人事设置活动图

4.1.2 培训管理

该模块的操作流程设计如下：

首先要设置培训材料。用户进入系统管理，在资料设定页面中逐个修改资料的类别信息。首先输入这几个类别的名称，与此同时，资料的类型值必须设置为与之对应的值，否则后面提交的信息有可能无法正常显示，类别选择应该选择人力资源资料。接下来在人力资源资料中，选择添加新资料，然后再选择类型，输入其他相关内容后即可完成提交。随后添加培训任务，输入与培训任务相关联的培训信息和培训主旨。相关的培训任务由培训主管部门来确定，包括培训部门、培训编号、培训名称、举办单位等。接着添加培训列表，将详细内容填写到培训课程当中，提交培训列表。填写详细内容之后，每次提交都可以继续填写培训任务安排的时间和地点。

其次要增加人员列表，必须根据培训内容来确定哪些培训人员需要参加。这个步骤主要是为了明确企业将要培训的对象包括哪些员工。点击任务详表可以看到已经添加过的培训任务，同样也可以查看添加的课程列表，通过综合查询可以查看到培训任务的详细信息。选择详表可以查看到刚才添加的课程列表，这其中包含培训的地点、等级和时间等相关信息。

最后进行培训实施，这其中包括培训结果评估和培训通知与列表的查询。人力资源经理会基于培训任务名称发布与之对应的培训任务通知。培训对象进入系统后可以收到该信息通知。

1. 功能结构设计

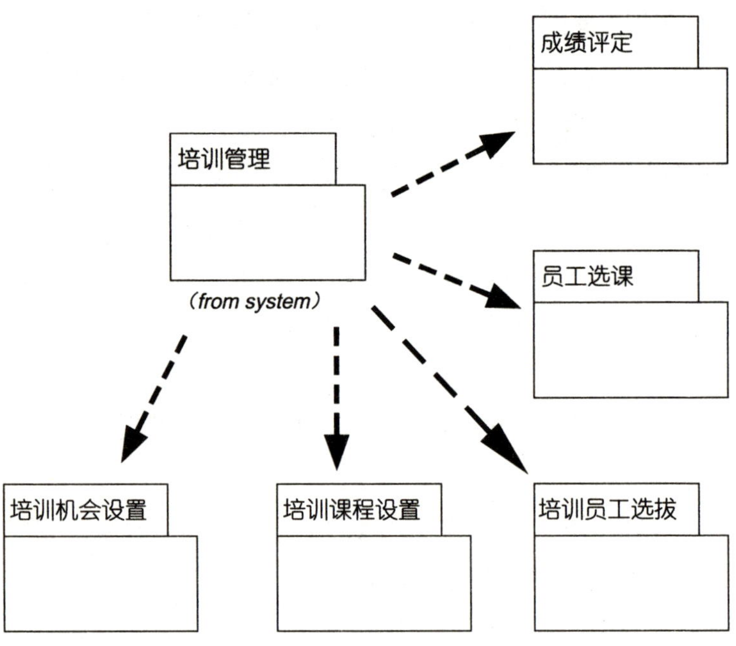

图 4-7　培训管理包图

2. 类图设计

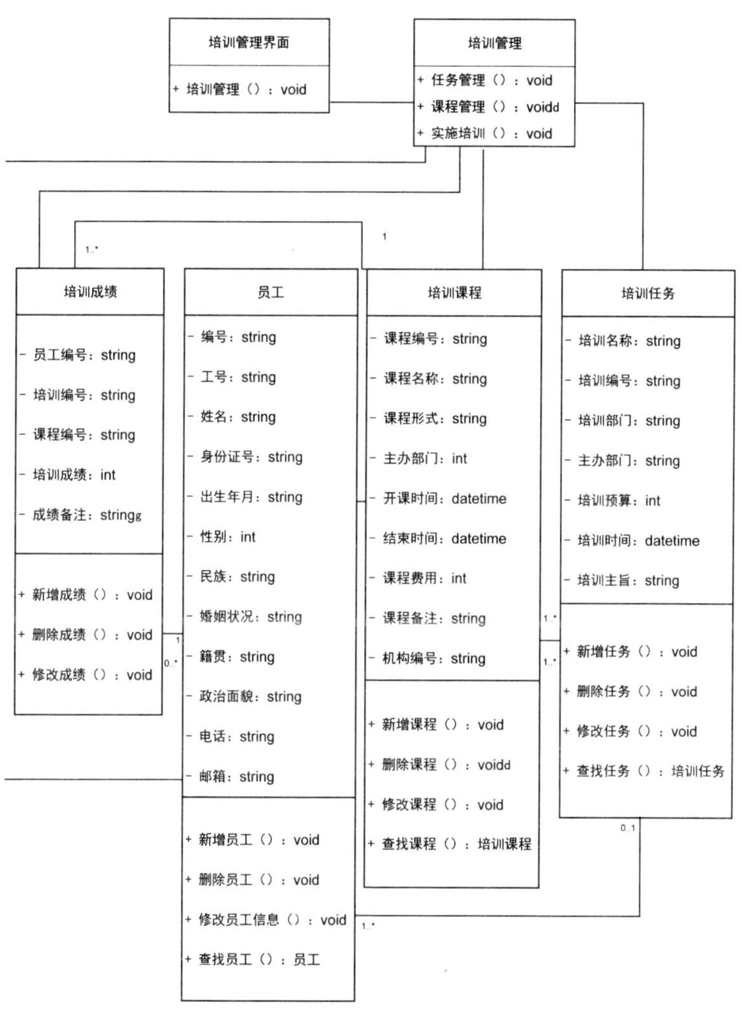

图 4-8　培训管理类图

3. 顺序图设计

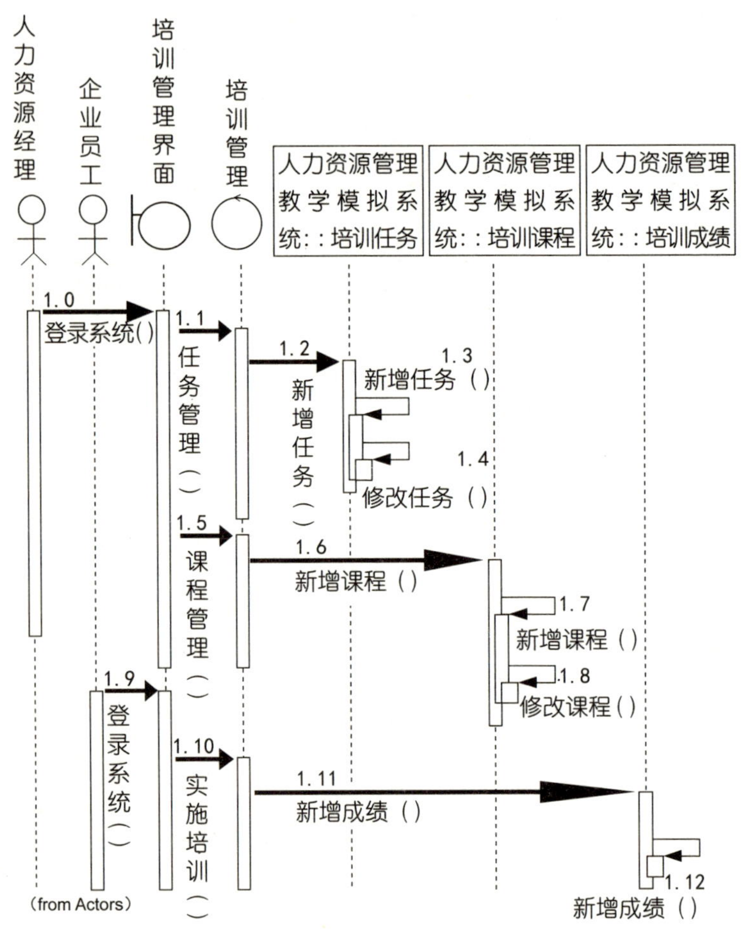

图 4-9　培训管理顺序图

4. 核心处理流程设计

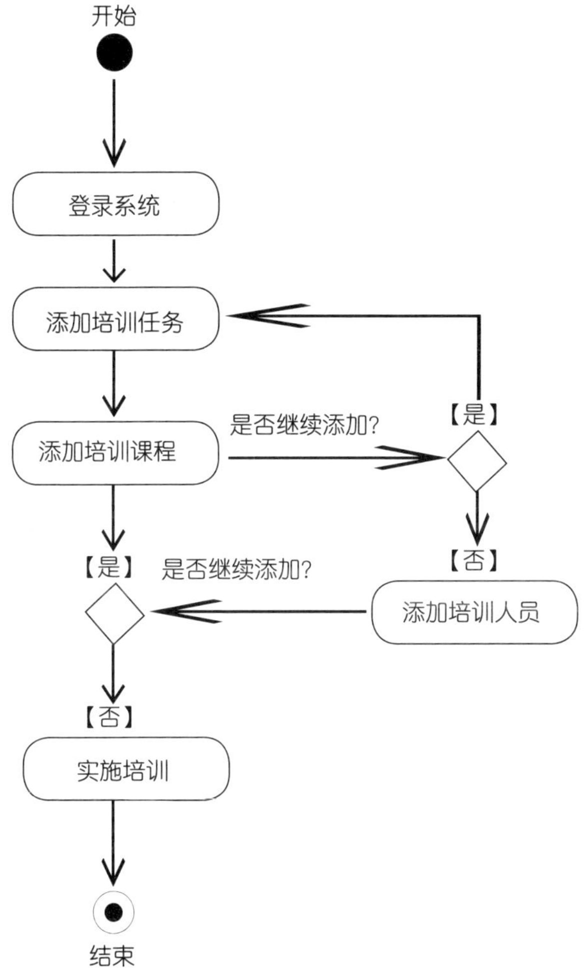

图 4-10　培训管理活动图 [24]

4.1.3 招聘管理

该模块的操作流程设计如下：

第一步由虚拟企业在岗位需求的基础上确定所需要招聘的职位。人力资源经理进入系统之后，选择填写招聘信息选项，同时录入企业当前的招聘信息。虚拟用人企业确定其各个部门所需的招聘职位后，可以对它们进行相应的管理。通过系统中的状态按钮可以改变招聘岗位的当前状态。同时也可以修改相关职位的详细信息或者删除职位信息。进入网上人才市场之后，人力资源经理可以选择招聘途径，可以通过选择网络招聘进入该项功能。当他确定好所有的招聘信息后，就可以选择招聘途径中的网上人才市场，进入到虚拟企业的控制台；或者直接到人才市场登录。

第二步，发布信息。此处发布的招聘职位是由人力资源经理在管理系统中设置开放的职位。点“招聘发布”，其中招聘职位是由人力资源经理在管理系统中设置好的，录入的时候直接选择即可，然后根据设定的信息在人才市场中添加招聘要求的其他信息，输入后点提交完成发布。被分配为公司职员身份的学生注册用户。被分配为公司职员的用户，登录系统中，进入网上人才市场模块，首先进行个人用户的注册。用户在注册以后才可以录入相关的详细信息。

第三步，个人求职。通过首页直接访问和查找等手段找到虚拟招聘企业所发布的空缺职位招聘信息，选择刚才虚拟企业的公司名称便可看到公司的一系列详细信息。求职者选择申请这个职位，可向招聘单位发出求职信。企业用户进入发面试通知。企业用户登录人才市场，在控制台中查看求职来信，可看到所有的求职业信息。系统会自动地将该用户加入到面试列表中，加入列表以后，个人信息会自动提交到招聘单位的人力资源管理部门的面试信息中，人力资源经理进入管理系统后，在面试信息管理模块中可以看到这些信息。

第四步，发送面试通知。点“发送面试通知”，向求职者发送面试通知，发送后，申请用户登录后可以查看到。（面试通知可要求应聘者去参加测评系统中某一项的测评）申请者登录人才市场，可以看到发来的面试通知。接到通知后，申请者到测评系统中自行参加测评，测评的成绩将会在招聘者的招聘管理中显示。

1. 功能结构设计

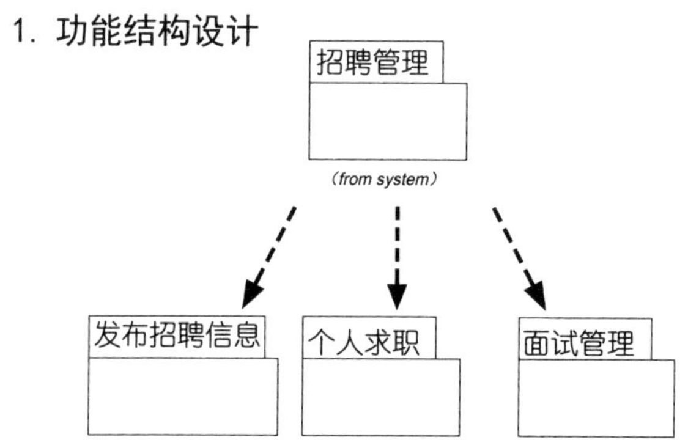

图 4-11　招聘管理包图

2. 类图设计

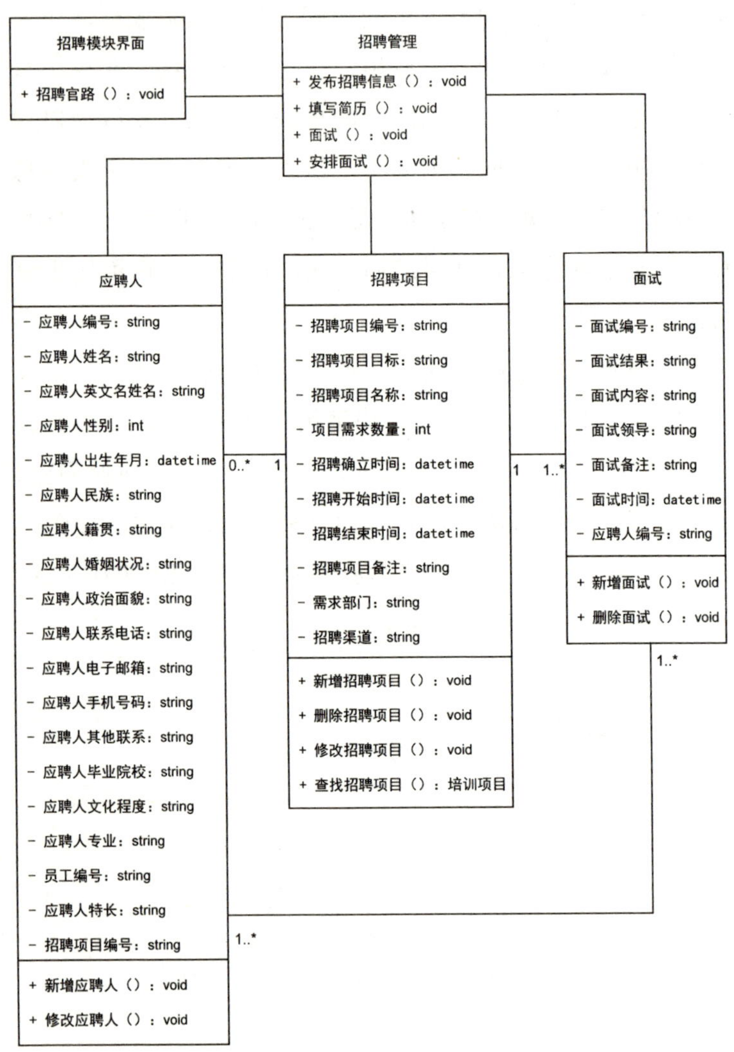

图 4-12　招聘管理类图

3. 顺序图设计

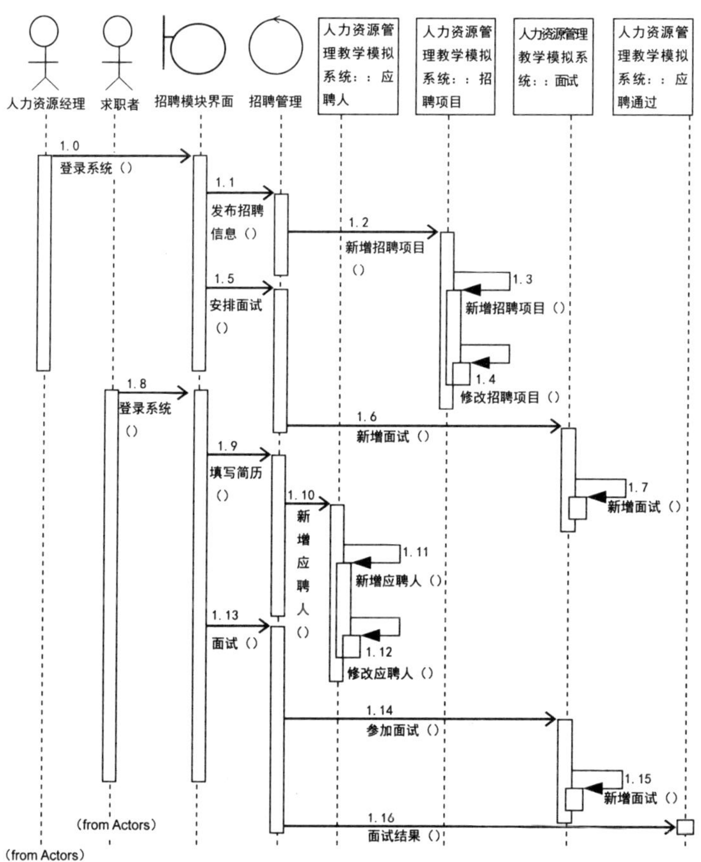

图 4-13　招聘管理顺序图

4. 核心处理流程设计

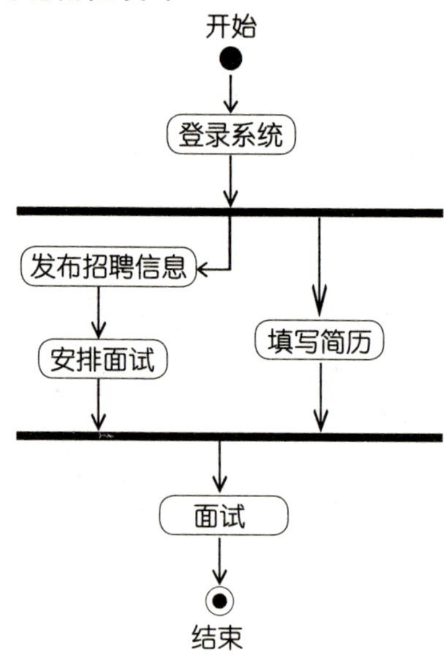

图 4-14　招聘管理活动图

4.1.4 绩效考核

本模块的操作流程设计如下：

首先制定考核任务。人力资源经理进入考核管理，选择“指标考核法”，输入考核标题，选择考核时间，指定考核对象并录入考核内容。输入后提交，然后再录入详细内容。

其次设定考核方案。进入考核方案设定，选择“指标考核法”，这里可以为每个部门设置指标，同时设定指标在整个考核中所占的比例和分值，最后某项的得分是该项的得分与所占比例的乘积，一般设置的单项分值为 100 分。

首先点击“增加指标”，录入指标名称所占比例和分值，并提交，直到所有比例加起来为100%，则完成添加。

添加后，可查看考核方案的详细信息。每次的指标考核都需要根据考核目的的不同，调整各个部分的指标参数分配。

再次，员工KPI考核。上一步操作完成后，用户登录进入平台，就可以对考核对象进行相关的考核。点“重评”即可对考核对象进行考核评价。评分时，针对每个指标进行评分操作，系统将自动计算出分数。该步的评分将和薪酬系统结合起来，具体的操作将在薪酬模块讲述。

最后，发表意见和意见处理。员工如果对测评有意见的话，可以在此发表个人意见，并由人力资源经理对意见进行处理。员工进入“发表意见”，输入自己的意见后提交。人力资源经理登录查看“意见处理”，进入后填写处理意见。

1. 功能结构设计

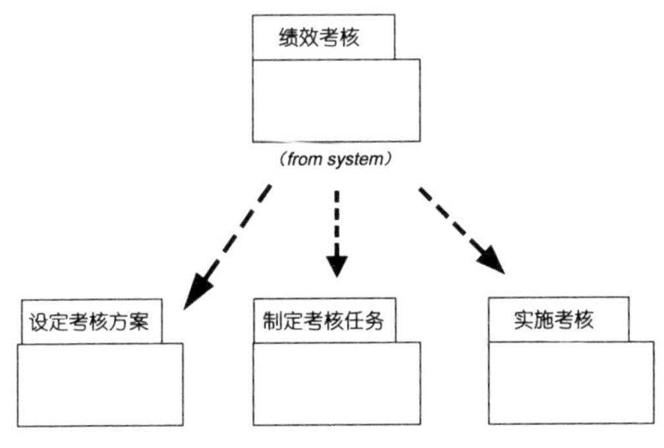

图4-15　绩效考核包图

2. 类图设计

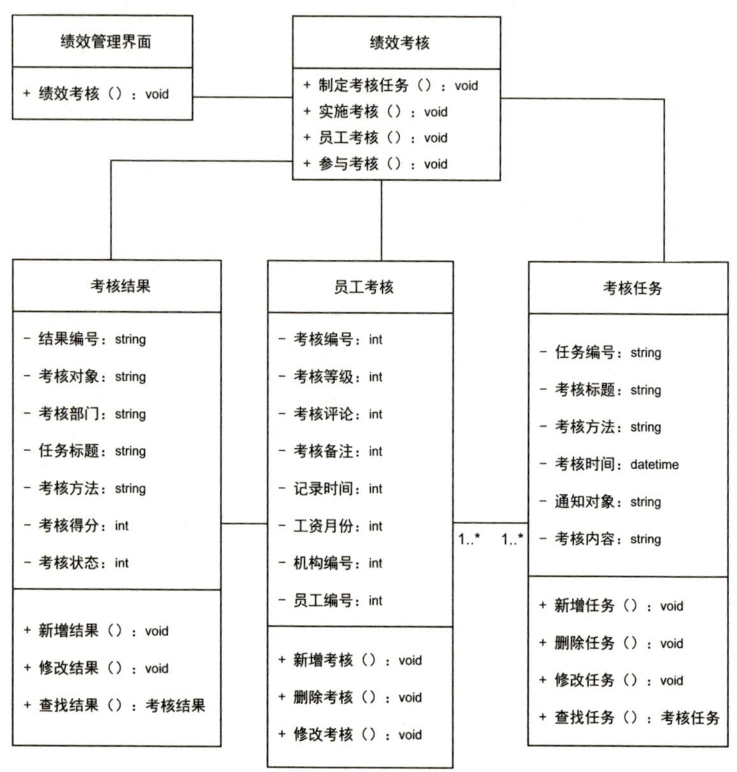

图 4-16　绩效考核类图

3. 顺序图设计

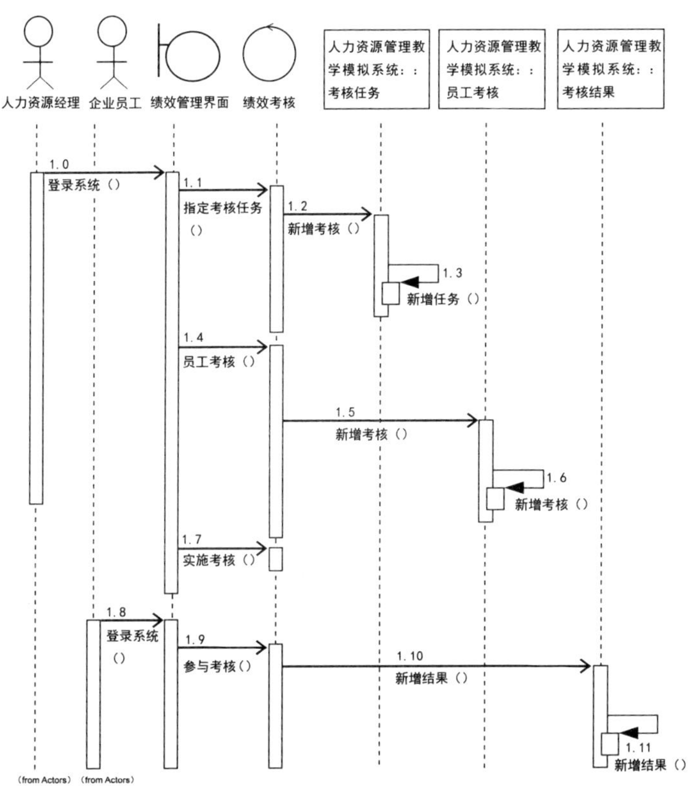

图 4-17　绩效考核顺序图

4. 核心处理流程设计

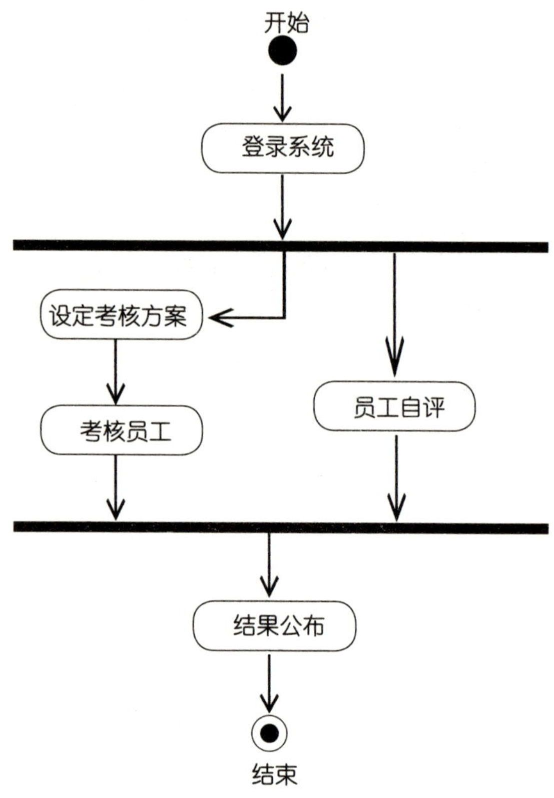

图 4-18 绩效考核活动图

4.1.5 薪酬管理

本模块的操作流程设计如下：

制定薪酬策略：设定各部门的薪酬大项，可进行修改、删除、新增。单击“新增项目”，为该部门增加工资大项，录入项目的名称，其中有选择项“是否和当月绩效考核挂钩”，如果选中，该项目的工资发放将和考核成绩结合；否则，将不结合。

制定薪酬细项：设定各部门薪酬大项中的小项，可进行修改、删除、新增。首先在选项框里选择要制定薪酬细项的部门，点“工资大项”，可以查看该大项下的细则部分。左边即是上一级制定的薪酬策略，在每一个薪酬策略下有多个细项，单击“新增”增加细项。以此类推制定所有所属该部门的薪酬策略。

制定考核奖金额度：设定各部门考核奖金的额度，并将考核得分和所得奖金的比例结合起来。在这里可以看到所有的部门已经设定好考核奖金额度。单击部门名称可以设定或修改考核奖金额度，这里奖金的金额是根据员工所得分数对应的奖金比例与基础数据的乘积得来，奖金基础数据设定在下一步完成。

制定薪酬额度：制定各薪酬细则的具体金额，薪酬的具体金额是针对每一个员工制定的。首先选择员工，点“下一步”。如果已经设定好，这里可以查看薪酬信息；如果没有制定，点每项后面的“修改”，为该项制定具体金额。

考勤成绩查询：确认某一员工某一月的考勤成绩，并计算出增发或扣除的工资金额。首先点“考勤成绩查询”，选择员工和月份，进行查询。这里计算出应该增加或扣除的工资，最后计算出总额，点“确定”提交。

制定员工薪酬：首先选择要查找的员工，查看根据设定的规则计算出来的薪酬总额。点击“提交”即最后确定该金额。提交后不能修改，点“确定发放”发放工资。

薪酬查询：查询某一员工某月薪酬发放情况。选择要查询的员工并确定要查询的月份，单击下一步即可查到该员工工资的发放情况。

薪酬汇总：显示该公司所有发放薪酬统计，可逐年逐月进行统计。确定要查询的日期，即可查询到该年度的汇总表。

个人薪酬：显示员工薪酬发放情况。员工可以直接看到本人的工资表，同时也可以精确查询。

1. 功能结构设计

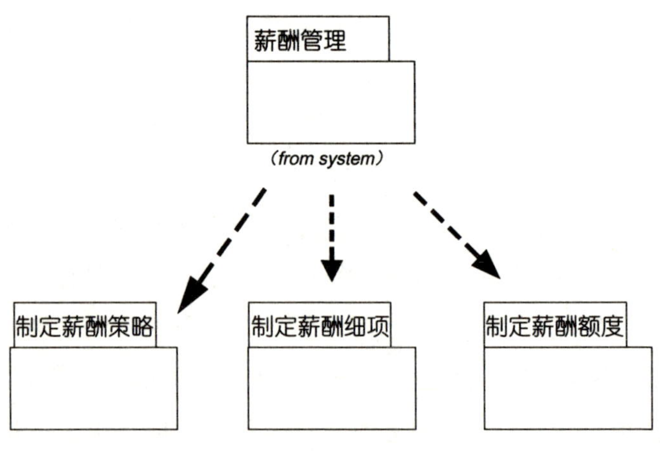

图 4-19　薪酬管理包图

2. 类图设计

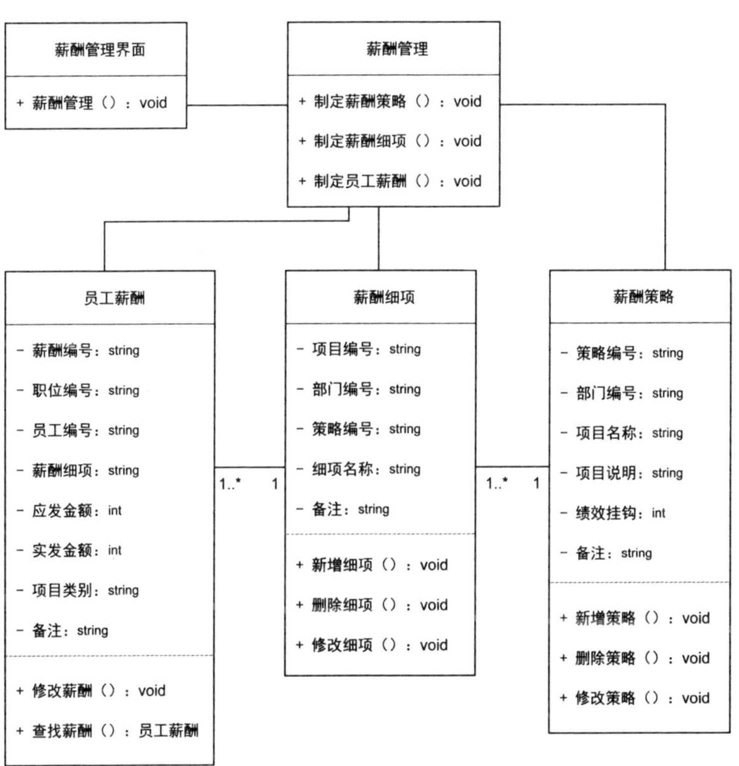

图 4-20　薪酬管理类图

3. 顺序图设计

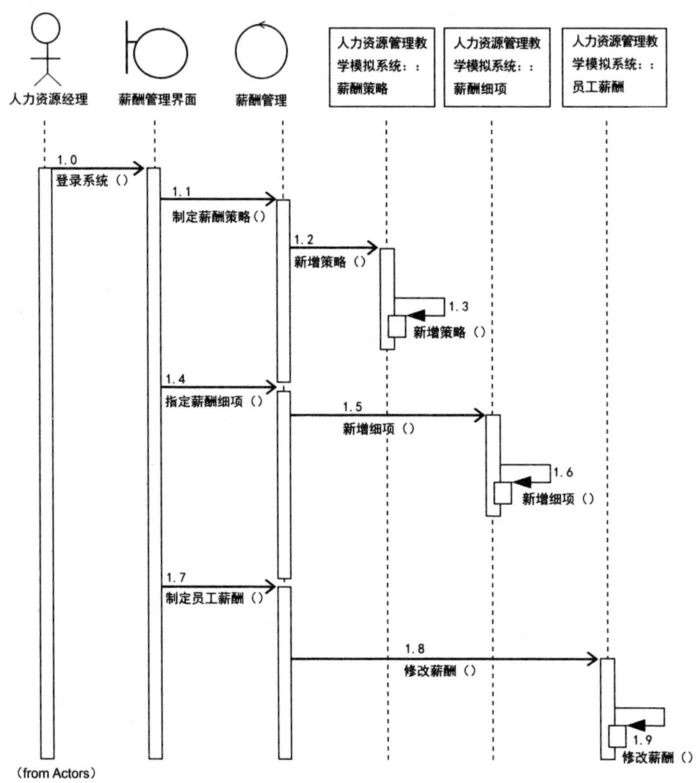

图 4-21　薪酬管理顺序图

4. 核心处理流程设计

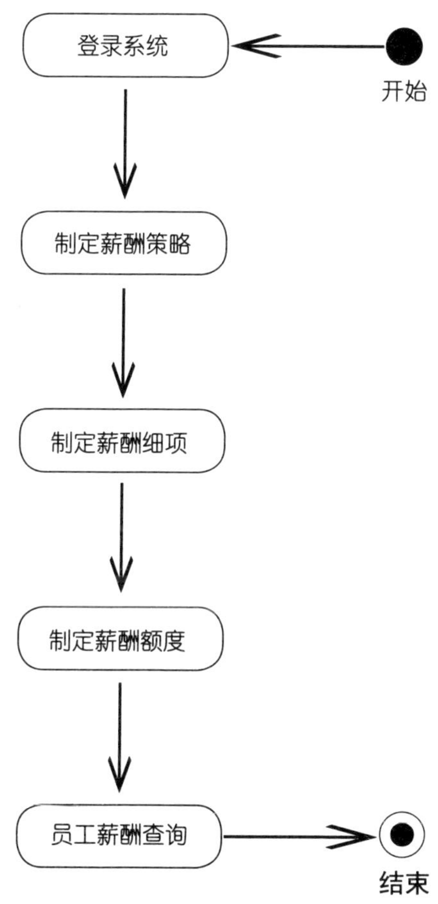

图 4-22　薪酬管理活动图

4.2 数据库设计

4.2.1 主要实体属性图

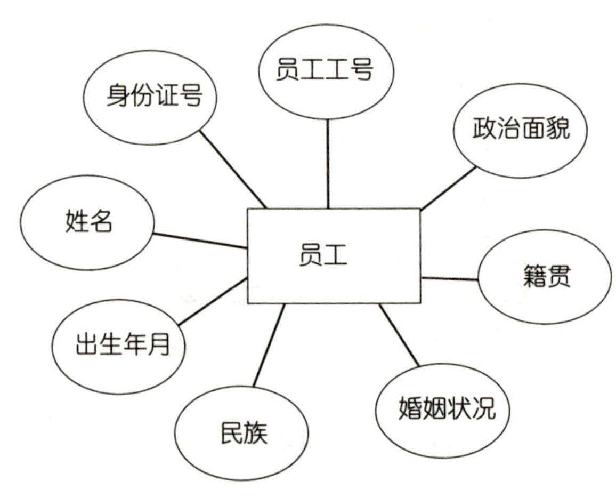

图 4-23　员工信息实体属性图

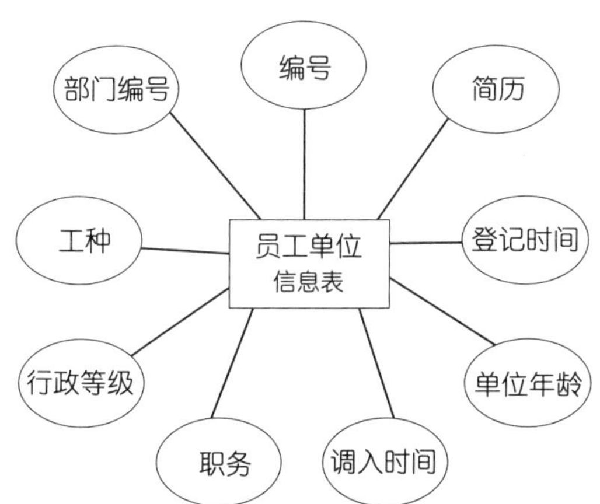

图 4-24　员工单位信息实体属性图

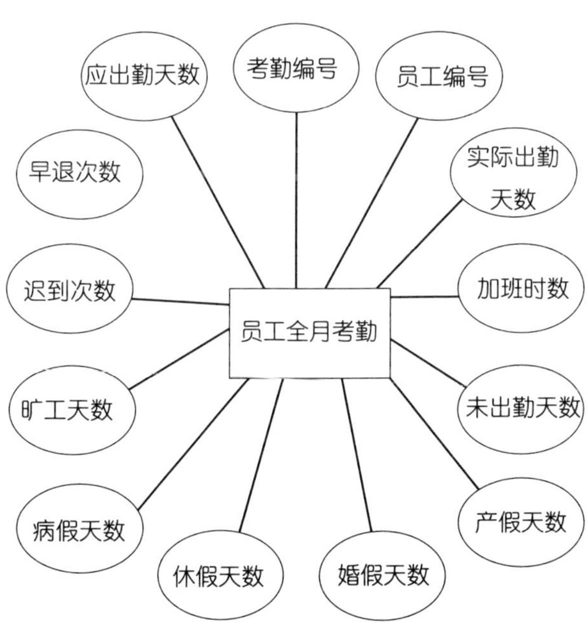

图 4-25　员工月度考勤实体属性图

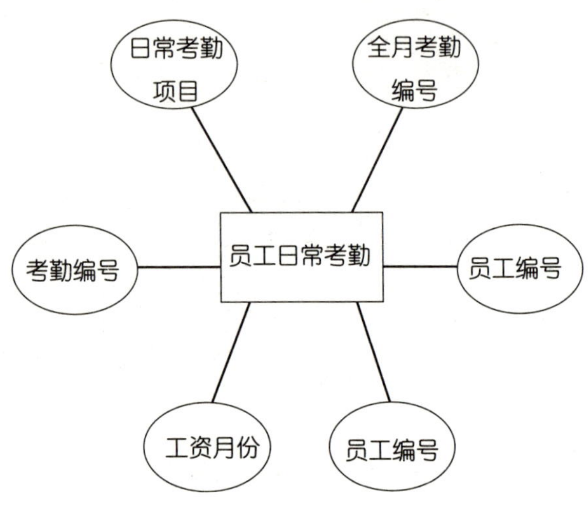

图 4-26　员工日常考勤实体属性图

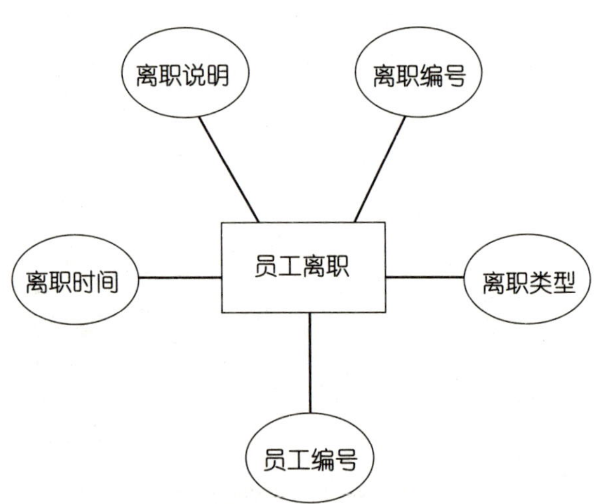

图 4-27　员工离职实体属性图

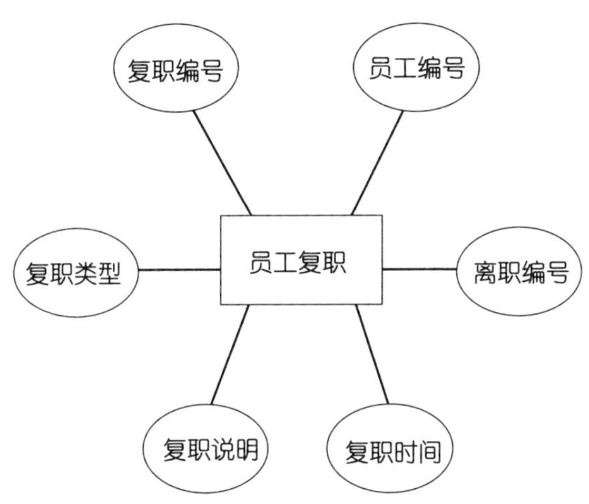

图 4-28　员工复职实体属性图

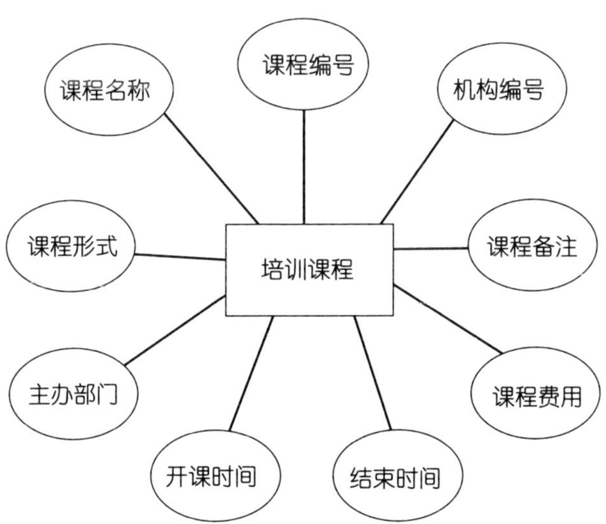

图 4-29　员工培训课程信息实体属性图

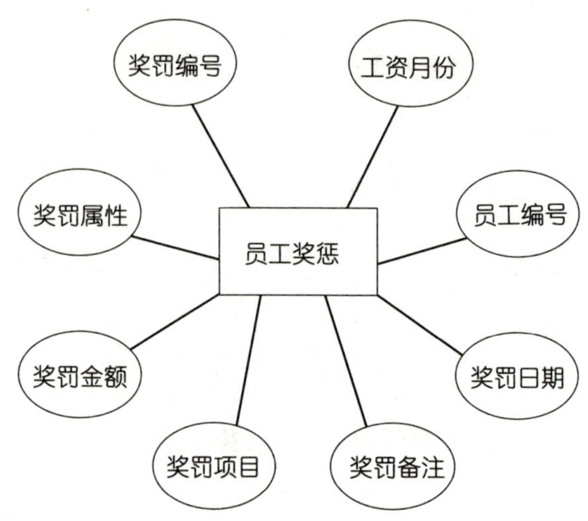

图 4-30　员工奖惩实体属性图

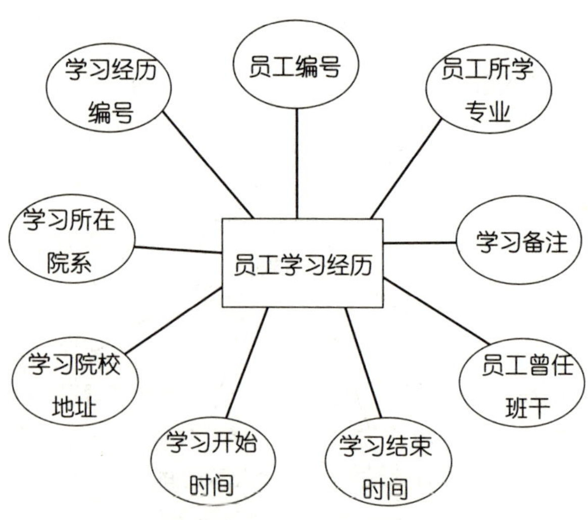

图 4-31　员工学习经历实体属性图

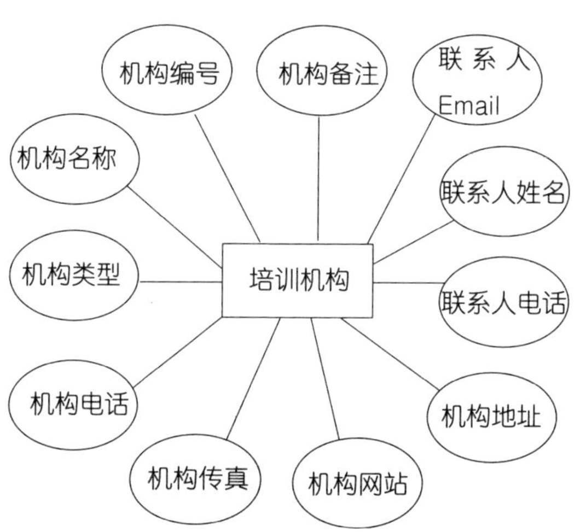

图 4-32　培训机构实体属性图

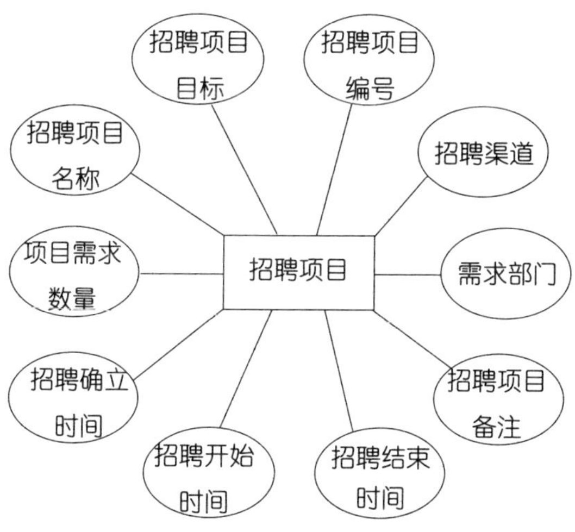

图 4-33　招聘项目实体属性图

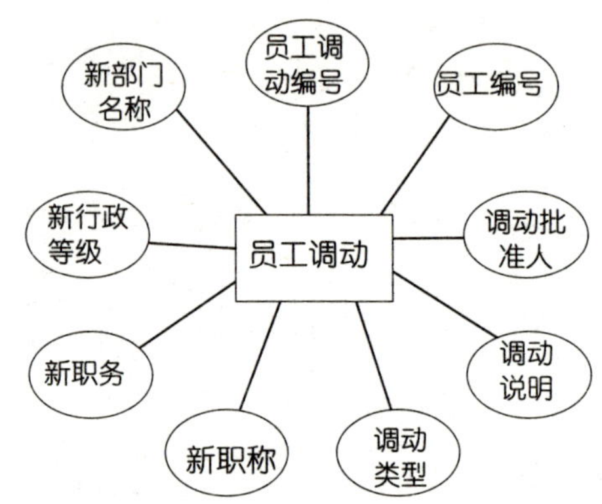

图 4-34 员工调动实体属性图

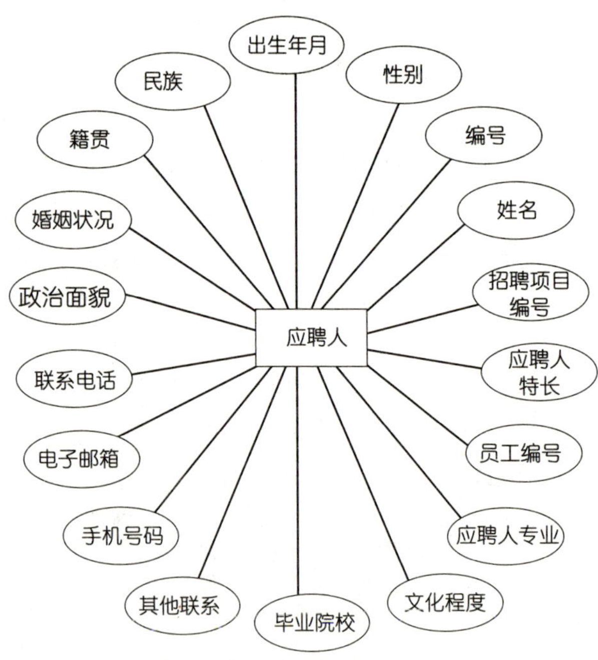

图 4-35 应聘人实体属性图

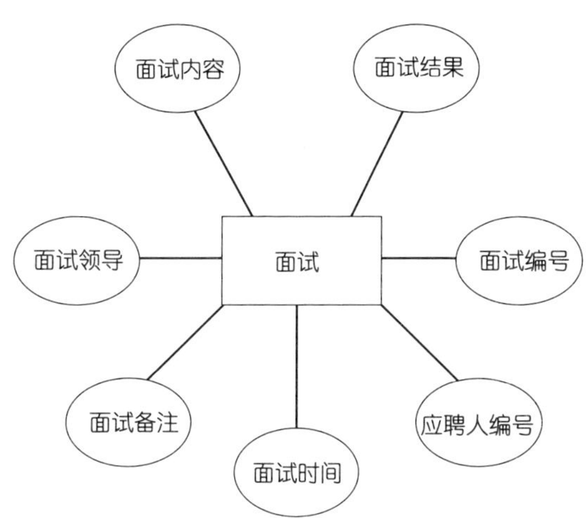

图 4-36　面试信息实体属性图

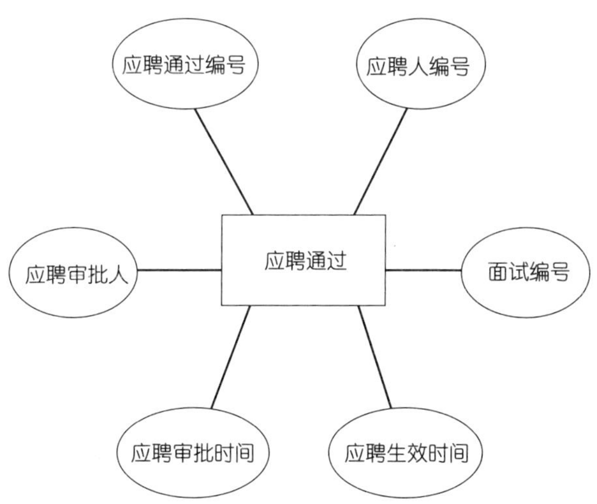

图 4-37　应聘通过信息实体属性图

4.2.2 系统实体－关系图设计

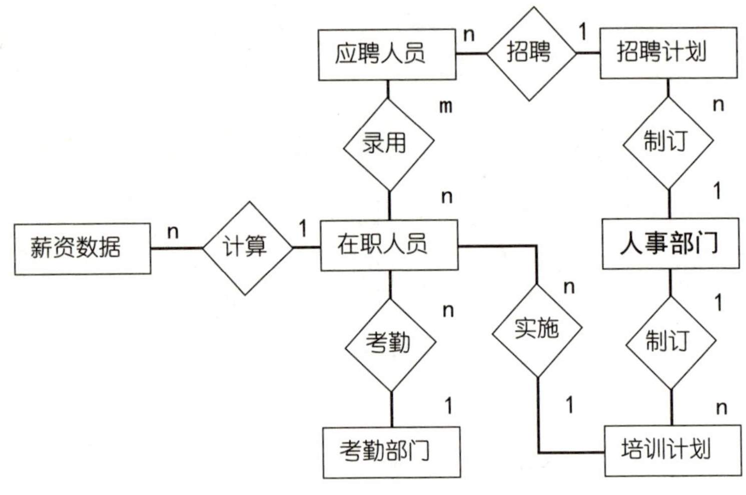

图 4-38　系统 E-R 图

4.2.3 主要数据库表设计

根据实体类，给出软件系统主要库表的设计如下：

表 4-1　员工信息表

字段名称	数据类型	索引	空值	其他
员工编号	int	有（无重复）	否	主键
员工工号	int		否	
员工姓名	char(10)		否	

（续表）

员工身份证号	char(18)		否	
员工出生年月	datetime		否	
员工性别	char(2)		否	有效性则“男”or“女”，默认值“男”，约束名：checksex
员工民族	char(10)		否	
员工婚姻状况	char(10)		否	
员工籍贯	char(20)		否	
员工政治面貌	char(10)		否	
员工电话	int		否	
员工电子邮箱	char(30)		否	

表 4-2　员工单位信息表

字段名称	数据类型	索引	空值	其他
员工部门编号	int	有（无重复）	否	主键
员工工种	char(20)		否	
员工行政等级	char(20)		否	

（续表）

员工职务	char(30)		否	
员工职称	char(20)		否	
员工调入时间	datetime		否	
员工本单位工龄	int		否	
员工登记时间	datetime		否	
员工简历	char（90）		是	
员工编号	int	有（有重复）	否	外键

表 4-3　员工月度考勤

字段名称	数据类型	索引	空值	其他
全月考勤编号	int	有（无重复）	否	主键
应出勤天数	int		否	
迟到次数	int		是	
早退次数	int		是	
迟到和早退总数	int		是	
旷工天数	int		是	

（续表）

病假天数	int		是	
休假天数	int		是	
婚假天数	int		是	
产假天数	int		是	
倒休天数	int		是	
未出勤天数	int		是	
工作加班时数	int		是	
周末加班时数	int		是	
节假日加班时数	int		是	
加班总时数	int		是	
实际出勤天数	int		是	
员工编号	int	有（有重复）	否	外键

表 4-4　员工日常考勤

字段名称	数据类型	索引	空值	其他
日常考勤编号	int	有（无重复）	否	主键

（续表）

日常考勤项目	char(20)		是	
日常考勤时间	datetime		是	
全月考勤编号	int	有（有重复）	否	外键
工资月份	datetime		否	
员工编号	int	有（有重复）	否	外键

表 4-5　员工离职

字段名称	数据类型	索引	空值	其他
离职编号	int	有（无重复）	否	主键
离职类型	char(20)		否	
离职说明	char（90）		是	
离职时间	datetime		否	
员工编号	int	有（有重复）	否	外键

表 4-6　员工复职

字段名称	数据类型	索引	空值	其他
复职编号	int	有（无重复）	否	主键

（续表）

复职类型	char(20)		否	
复职说明	char（90）		是	
复职时间	datetime		否	
离职编号	int	有（有重复）	否	外键
员工编号	int	有（有重复）	否	外键

表 4-7　培训课程

字段名称	数据类型	索引	空值	其他
课程编号	int	有（无重复）	否	主键
课程名称	char（30）		否	
课程形式	char（10）		否	CHECK 约束：“内训” or “外训”
主办部门	char（20）		否	
开课时间	datetime		否	
结束时间	datetime		否	
课程费用	int		否	
课程备注	char（20）		是	

（续表）

机构编号	int	有（有重复）	否	外键

表 4-8　员工奖惩

字段名称	数据类型	索引	空值	其他
奖惩编号	int	有（无重复）	否	主键
奖惩日期	datetime		否	
奖惩属性	char（10）		否	CHECK 约束：“奖励”or“惩罚”
奖惩金额	int		否	有效性规则：金额 >0
奖惩项目	char（20）		否	
奖惩备注	char（20）		是	
员工编号	int	有（有重复）	否	外键
工资月份	datetime		否	

表 4-9　招聘项目

字段名称	数据类型	索引	空值	其他
招聘项目编号	int	有（无重复）	否	主键
招聘项目目标	char（20）		否	

（续表）

招聘项目名称	char（20）		否	
项目需求数量	int		否	
招聘确立时间	datetime		否	
招聘开始时间	datetime		否	
招聘结束时间	datetime		否	
招聘项目备注	char（50）		是	
需求部门	char（20）		否	
招聘渠道	char（20）		否	

表 4-10　员工合同

字段名称	数据类型	索引	空值	其他
员工合同编号	int	有（无重复）	否	主键
合同类型	char（20）		否	
合同属性	char（20）		否	CHECK 约束：“有固定期限”or“无固定期限”
签约时间	datetime		否	
试用生效时间	datetime		否	

（续表）

试用失效时间	datetime		否	
试用月数	int		否	
是否转正	char（5）		是	CHECK 约束：“是”or“否”
失效时间	datetime		否	
生效时间	char（20）		否	Check 约束：“已到期“or”未到期”
合同状态	char（20）		否	
合同备注	char（90）		是	
员工编号	int	有（有重复）	否	外键
合同名称	char（20）		否	

表 4-11　员工调动

字段名称	数据类型	索引	空值	其他
员工调动编号	int	有（无重复）	否	主键
新部门名称	char（20）		否	
新行政等级	char（20）		否	
新职务	char（20）		否	

（续表）

新职称	char（20）		否	
调动类型	char（20）		否	
调动说明	char（50）		是	
调动批准人	char（20）		否	
员工编号	int	有（有重复）	否	外键

表 4-12　应聘人

字段名称	数据类型	索引	空值	其他
应聘人编号	int	有（无重复）	否	主键
应聘人姓名	char（20）		否	
应聘人英文名	char（20）		是	
应聘人性别	char（10）		否	有效性规则 “男” or “女”， 默认值“男”
应聘人出生年月	datetime		否	
应聘人民族	char（20）		否	
应聘人籍贯	char（20）		否	
应聘人婚姻状况	char（20）		否	

（续表）

应聘人政治面貌	char（20）		否	
应聘人联系电话	int		否	
应聘人电子邮箱	char（20）		否	
应聘人手机号码	int		是	
应聘人其他联系	int		是	
应聘人毕业院校	char（20）		否	
应聘人文化程度	char（20）		否	
应聘人专业	char（20）		否	
员工编号	int	有（有重复）	否	外键
应聘人特长	char（50）		是	
招聘项目编号	int	有（有重复）	否	外键

表 4-13　面试

字段名称	数据类型	索引	空值	其他
面试编号	int	有（有重复）	否	主键
面试结果	char（20）		否	CHECK 约束： “通过”or“未通过”
面试内容	char（20）		否	

（续表）

面试领导	char（20）		否	
面试备注	char（50）		是	
面试时间	datetime		否	
应聘人编号	int	有（有重复）	否	外键

表 4-14　应聘通过

字段名称	数据类型	索引	空值	其他
应聘通过编号	int	有（无重复）	否	主键
应聘审批人	char（20）		否	
应聘审批时间	datetime		否	
应聘生效时间	datetime		否	
面试编号	int		否	外键
应聘人编号	int		否	外键

表 4-15　员工考核

字段名称	数据类型	索引	空值	其他
考核编号	int	有（无重复）	否	主键

（续表）

考核等级	char（10）		否	
考核评论	char（20）		是	
考核备注	char（20）		是	
记录时间	datetime		否	
工资月份	datetime		否	
机构编号	int		否	外键
员工编号	int		否	外键

表 4-16　员工工作经历

字段名称	数据类型	索引	空值	其他
工作经历编号	int	有（无重复）	否	主键
工作开始时间	datetime		否	
工作结束时间	datetime		否	
历史工作单位	char（20）		否	
工作内容	char（50）		是	
历史离职原因	char（20）		是	
员工编号	int		否	外键

参考文献

参考文献

[1] 杨河清主编，《人力资源管理》，第 3 版，东北财经大学出版社，大连，2013。

[2] 毛晨蕾主编，《人力资源管理》，人民邮电出版社，北京，2014。

[3] 吴建华,《改进人力资源管理教学方法的思考》,《现代企业教育》，第 20 期，2006。

[4] 李冠艺，《电子商务教学模拟系统的开发与建设》，《科技情报开发与经济》，第 10 期，2003。

[5] 李长林编著，《ASP.NET+SQL Server 动态网站开发与实例》，清华大学出版社，北京，2006。

[6] 刘乃丽编著，《精通 ASP.NET2.0+SQLServer2005

项目开发》，人民邮电出版社，北京，2007。

[7] 郭靖等编著，《ASP.NET3.5 开发技术大全》，清华大学出版社，北京，2010。

[8] 冉春玉，王洪成，李芳，《ASP.NET 技术及其在网站开发中的应用》，《武汉理工大学学报（信息与管理工程版）》，第 3 期，2002。

[9] 詹英主编，《数据库技术与应用 :SQL Server 2008 教程》，清华大学出版社，北京，2005。

[10] 黄国平等编著，《程序天下：C# 实用开发参考大全》，电子工业出版社，北京，2008。

[11] 郭磬君等编著，《ASP.NET2.0 动态网站设计实例》，第 3 版，机械工业出版社，北京，2007。

[12] 田辉编著，《ASP.NET2.0 开发技术简明教程》，清华大学出版社，北京，2008。

[13] 王石编著，《精通 Visual C# 2005——语言基础、数据库系统开发、Web 开发》，人民邮电出版社，北京，2007。

[14]Ami tKalani，et al.，王小娜译，《C# 编程篇——ASP.NET 命名空间参考手册》，清华大学出版社，北京，

2003。

[15] 丁贵广等编著，《ASP 及 ASP.NET 编程基础与实例》，第 2 版，机械工业出版社，北京，2004。

[16] 王志伟等编著,《突破 ASP.NET 编程实例五十讲》,中国水利水电出版社，北京，2002。

[17] 陈娴等编著，《ASP.NET 项目开发实践》，中国铁道出版社，北京，2003。

[18] 王兴东等著，《ASP&ASP.NET 应用编程 150 例》，电子工业出版社，北京，2004。

[19] 黄荣怀,《基于 WEB 的协作学习系统模型》,《中国远程教育》，第 5 期，2001。

[20] 武法提，《基于 WEB 的学习支持系统》，《电化教育研究》，第 4 期，2002。

[21] 谭桂华等编著，《Visual C# 高级编程范例》，清华大学出版社，北京，2004。

[22] 刘惟一等编著,《数据模型》, 科学出版社, 北京, 2001。

[23] 田晓，樊东平，刘又诚，《MIS 系统构件化开发中系统集成过程的研究与设计》，《武汉理工大学学报（信

息与管理工程版）》，第1期，2004年。

[24] 李云，范玉清，李向东，《MIS系统中的报表工具模型的研究与实现》，《航空维修与工程》，第2期，2004。

后 记

本书的写作缘于多年的教师身份，也因为自己曾经教过的那些学生。十多年前，我本科毕业于行政管理专业，多年来一直从事人力资源方向的教学与科研工作，在教学过程中，我常常因为学生不能真正学以致用而困惑，这种困惑一直持续到我拿到软件工程硕士学位。后来我想，何不利用自己人力资源与软件开发的双重专业背景，研发一款人力资源教学模拟系统呢？

在认真剖析现今人力资源管理教学过程中存在的问题后，我发现，最大的问题就是教学过程中理论与实际脱节，学生的实际操作能力太弱。本人所在的学校是一所应用型本科院校，作为其中的一员，我一直感受和体验着学校在应用型办学方面所下的工夫，学校的人才培养目标定位是面向基层，面向生产、管理和服务第一线，培养适应社会经济发展需要，具有自强自信、会创新、有专长、能沟通等综合素质的应用型人才。为了更好地体现学校“应用型”学校的特点，帮助学生提升人力资源管理各大模块的操作能力，并使其他学校的学生能够分享，我便动了这种心思，撰写一部关于人力资源教学模拟系统的专著，让更多的人可以受益。

在本书的写作过程中，首先要感谢江西科技学院提供了充足的时间和优越的科研条件，使得著者能够在从事教学之余，思考人力资源管理教学模拟系统的重要性和意义，查询相关方面的最新研究进展，学院支持著者进行人力资源教学模拟系统的分析与设计，参与多方交流。

著者还要感谢互联网的发达，感谢学校图书馆，让著者能够及时查阅到许多电子资源，为著者提供了丰富的图文材料和知识成果，在此表示深深的敬意。

感谢学校信息技术研究所的同仁们，他们多年来在软件开发与设计方面具有的丰富经验，为本书的撰写提供了许多技术指导，使得本书得以顺利完成。

感谢出版社的编辑，他们付出了辛勤的汗水，为本书的行文规范提供了非常详尽的指导和修改，使得本书更加严谨。著者在此向他们深厚的专业功底、严谨的工作态度和扎实的文字表达能力表示崇高的敬意和真诚的谢意。

最后，本书内容繁多，加之时间仓促，可能有很多不妥之处，敬请读者来信探讨（271053192@qq.com），希望读者能够喜欢这本书的内容。

著　者

2015 年 4 月

江西南昌